十二星座恋爱密码
Astrology for Love

[加] 英格丽·张　著

中国青年出版社

目 录

前 言

---⊙---

为什么要理解十二星座的男人?

---⊙---

这本书的本意,并不是要教给女性朋友学会诱惑、征服、掌控、操纵十二种不同男人的"技巧",更不是传播传统的、有关生辰中星座相克、相助的理念。这本书,仅仅是星相学通俗的应用之一。在打开此书前,先理解我写作的初衷和真正的目的,不但能够帮助你深刻地理解十二星座的男人,恰当地运用书中的内容,而且,你还会从对十二种"坏男人"的"刻毒的"描述背后,看到对于十二种人性中所散发的"神性"的由衷热爱和赞美。每一个男人都是一个马尔斯,正如每一个女人都是维纳斯。

我的本意是通过星相学这个工具,让女性朋友理解十二种不同的男神——马尔斯。每一种马尔斯都具有不同的能量、动机,他们展示出的性格都是天生的"神性"的表现。我力图用形象、通俗、轻松、象征、寓意、夸张的语言展示给女性朋友们十二星座的男人卡通式的画面,让亲爱的女性朋友理解这十二种不同的"神性"在现实中的表现。理解这十二种"神性",我们就理解了十二星座的男人,就不会不惜代价地去改造他们的"神性",把他们变成我们理想中的人，最终只会导致自己的情感受挫。

我常常面对的问题是："什么星座的男人和女人相和、相克？"传统意义上的星座之间的"相和"、"相克"，仅仅指十二种能量之间的"和谐"与"不和谐"。能量之间的"和谐"会让人舒适地相处，很多人在无意识之间就能找到最让自己舒适的"相和"星座，然后，安安稳稳、平平静静地生活，没有大风大浪，没有大起大落，没有大挫折。对于生命有高度意识的女人，在这种理想的平安生活中，她会积极主动地通过理性的学习来完成自我成长的历程。但是，对于生命处于无意识中的女人，过于平静、安详、舒适的生活，却会让她失去另外一个重要的机会——成长为真正的自己。

"不和谐"的星座之间，虽然充满了张力，但也埋伏着成长的契机。经受过挫折、痛苦，你才有机会反思、内省，你才会认识自己、认识他人。只要你能够认识、理解能量不和谐的渊源，就能学会迅速调节自我，宽松地对待他人，你就能够迅速成长，你的生活空间才会拓展。与我们"相克"的星座的男人，最能够带给我们波涛不断、辗转不安的生活。正是这种不平凡的体验，让我们成长为丰富的女人！"相克"，仅仅是对于毫无积极的生命意识、恐惧地寻求安全保障、拒绝成长的女人而言，"相克"的悲惨结局会成为她们命中的必然。因为，她没有宽阔的视野，看不到人生长河的曲线，没有把握生命航船的力量和勇气，只会在波涛起伏的人生长河中，任凭命运（无意识）来主宰自己。

也请你不要以此书来作为评判男人、选择爱人的唯一依据。本书是星相学的通俗运用，而星相学是一个帮助人类认识自我的工具。正确地运用星相学，能够让我们理解人的"神性"，理解自己，也理解他人。正确地运用星相学，就不会把它当做一个"宿命论"

的靠山,也不会把星座作为我们生活中作各种决定的掷码。如果把星座作为衡量爱人的唯一标准,我们无疑会走入"星座歧视"的狭隘世界,这远远背离了星相学家的本意。如果我们被动、盲目地追随星座"相生相克",用星座的配方被动地等待命运的支配,不仅仅会失去生活成长的机会,也扭曲了星相学积极的意义。如果机械地遵循文字的表面意思,我们就不能够真正理解十二星座的男人。

亲爱的朋友,在你读本书之前,让我们一起开启女人生活的意识之灯,认识女人的成长哲理,探索生命的真谛——自由而幸福地成长。

——⊙——

世界上没有"白马王子"

——⊙——

女人的自我、生命、个人成长的认识以及她的价值观体系和人生哲学,已经超出了星相学的内容。

深刻、准确地理解十二星座的男人,我需要你的配合,请打开幻想世界的大门,想象十二种不同的能量波在深蓝的宇宙中闪烁着不同的光线,如同十二个不同的人跳着不同的舞步。它们没有好与坏,没有善与恶,没有道德与不道德,它们仅仅是不同而已。十二个星座的男人就是十二种不同的类型,如同宇宙间任何的一切都有其正反的两个方面,一个男人也如同一枚硬币,他的阴阳、好坏、善恶是共同存在的两个面。没有负面,也就没有正面。那些吸引你的可爱的魅力,也会成为导致你痛苦的可恨的因素。

每一个星座都有其优势和弱点,世界上没有一个完美无缺的、标准的情人和丈夫。正因为如此,文学、电影、神话才为我们创造了如此之多的理想的、天赐的"白马王子"。他们是文学家、戏剧家神话生活、升华生活的产品，如果我们以此来衡量现实生活中的男人，我们就可能掉入失望的深渊。作为一个智慧的女人，只有真实地看到他们内心世界的阳光和阴影，才能够抛弃幼稚的幻想，理性而又现实地认识、理解他们的生命动力，从而把他们变成我们可以相濡以沫、和平共处的朋友和伴侣。这，就是我写作此书的真正目的。

也许很多人会发现，你所遇到的某个星座的男人并非完全如同本书所描述的那样，对于这个问题，我在"英格丽系列丛书之二"——《十二星座成功密码》的前言中，已经阐述了星相学与十二星座的不同，十二星座不是星相学的全部内容；我们的性格结构不仅仅表现在星座上，一个人的生辰图才详细地描述了我们的原质。在这里，我不再赘述。

在你翻开本书之前，作为一个未相识的朋友，我希望和你们说一些贴心的话。这些话也是我在多年学习星相学的过程中所领悟的，正是这些悟道解开了未成熟女人心理上的焦虑、缺乏安全和自信、危机感等等消耗我们积极能量的心理情结。它让我认识到女人的生命可以如此的美丽多娇，它让我由衷地为身为一个女人而自豪。女人的生命是一部由我们自己谱写的交响乐，无论是欢乐还是痛苦的音符，都是由我们自己写进每一个乐章。

——⊙——

男人是女人最好的老师

——⊙——

可以说，女人的生命交响乐中的一个主要旋律是男人。一个女人成功的一生离不开男人，一个女人悲惨的一生也离不开男人。无论女人的一半是男人，还是男人的一半是女人，男人是女人生命中不可缺少的重要成员。不和男人打交道的女人几乎是不存在的,没有男人的女人或许并不能体验女人世界的波澜。

正是他们带着雄性的能量走进我们的生命,我们才开始体验痛苦、悲伤、欢乐、幸福。他们冲击着女人原有的天真和幼稚,他们打开了我们浪漫世界的大门,点燃了我们的激情,掀起我们情感的浪潮。他们让我们不可思议地陷入癫狂的欢乐,也让我们不能自拔地坠入痛苦的海洋。他们的出现给了我们力量和支持,让我们割断了对父母的依恋,他们展现给我们一个坚实可靠的胸膛,也给了我们不安和焦虑。他们让我们发烧似的以为,拥有了他就拥有了一切;他们也让我们品尝了失落的孤单。他们给了我们一个神话般美妙的爱情,随后又无情地击碎了我们的梦想。但是,最终,我们要深深地感谢他们,是他们把我们由一个天真、纯洁的少女变成一个成熟、睿智的女人。可以说,没有他们加入我们的生活,我们的心灵就如同一片原始森林,我们的情感世界就是一块没有耕耘的处女地,我们就很难把自己酿成醇厚的美酒,仅仅是单调、天真的女性,而不会是丰润、成熟的女人。

他们教给了我们认识女人的自我价值,认识女人的使命,认识不同的情感,认识不同的男人,是他们带给我们多彩的生活和丰富的人生。他们如同一个熔炉,把我们从一块原始状态的粗质材料,冶炼成为纯净的金丹,我们学会了无穷的智慧。他们让我们最终又回归纯净,让我们重新理解童真和少女般的纯净,这时的我们已经远远超越于"天真的少女"、"纯洁的处女",而是一块被赋予灵性智慧的金子。

很多女人渴望回归到天真的少女时代,然而,纯洁、天真并不是一个女人生命历程的圆满结局,更不是生命的最佳状态,它仅仅是女人生命的一个阶段而已。很多男人也由于缺乏自信，而把目光转向天真、脆弱、易于掌控的女人，遗憾的是，这是一种不健康的拒绝成长的心态。女人也如同宇宙中的万物一样永不停息地在成长，无论青春少女时代是多么的美妙，它都不可能永恒，静止、停滞的状态是不健康的虚幻，一个成熟的女人的一生会在永不停留地螺旋式上升，心灵世界更是一层一层地升华，而男人是引导我们认识自己心灵世界的老师。毫无疑问，在我们女人的一生中，男人是促使我们成熟的最好的催化剂，他们是我们最好的老师。

———◉———

通过理解男人而快乐地成长

———◉———

在很多情况下，女人通过痛苦的代价而得到成长。但是，在我们短短的一生中，如果每一步的成长都是通过痛苦去获得，我们所感受到的欢乐就太有限了。如果我们完全可以通过幸福、欢乐的过程成长，为什么要用挫折的代价来换取成熟呢？对于很多有智慧的女人，成长是通过愉快和欢乐而得到的，愉快、和谐地与男人打交道正是吸纳智慧的一个方式。当我们深刻地理解了他们不同的心理动机和需要，我们自然便会知道如何与他们打交道。

当然，女人利用所谓的"资本"去操纵、掌控男人是一种放弃智慧而走向圆滑、世故的堕落，这让女人失去了成长的良好机会。无论对于同性还是异性，在人与人的关系中，我们只有理解他人，才能够建立良好、美满的人际关系，任何带有欺骗、操纵、控制、占有、过多的依赖等倾向的行为，都是造成关系恶性发展的根源之一。每一个人的内在世界都充满了不同的色彩，每一个表面行为都是动机的结果，理解一个人的行为远远没有理解他的动机更加直接、准确、深刻。当我们理解了十二个星座不同的生命动力,我们就不会再抱怨,他们为什么让我们痛苦,他们为什么达不到我们理想的标准;我们会意识到,每个人生来就不同,我们永远无法把一朵黄菊花变成红玫瑰,苹果树上也长不出梨子,我们永远无法改造一个男人的性格原质,我们无法把他们变成我们渴望中的理想男人。

改造男人是我们每一个女人一生中最大的通病,很多女人的痛苦都是来自于陷入精神痴迷的状态,要把自己的伴侣改造成为理想中的男人。这是由于我们自己没有充分地认识自我,把自己不可实现的自我映射在男人的身上,当他们不能够满足我们的理想时,就忙不迭地改造他们。很多不幸的婚姻就是由于女人花了毕生的精力在改造自己的男人。其结果,不仅仅是自己悲哀,也让他人痛苦。

然而,我们却可以改造自己和改变自己看待世界的方式,我们可以从客观的角度理解他们的动机世界。当我们清楚地看到他们原生的世界,当我们学会用理解的眼光看待世界和男人,我们会顿悟,会突然发现自己的视角加宽了,视野拓展了,生活空间增大了,男人们那些原来让我们憎恨、痛苦的因素都是命运让我们认识自己、促使自己成长的课程。当我们学会了人生的这一课,我们会发现那些让我们憎恨、而他们又"死不悔改"的缺点都变成了可爱的魅力。白羊座的莽撞变成了勇敢和率直,金牛座的顽固变成了可靠和持久,双子座的靠不住变成了机智和灵活,巨蟹座的敏感的保护主义变成了体贴和关怀,狮子座的争夺镜头的自吹自擂变成了热情洋溢和慷慨大方,处女座的批评主义、神经兮兮变成了精致的完美主义,天秤座的摇摆不定变成了公正、优雅和祥和,天蝎座的极端和疯狂变成了深刻和忠诚,射手座的盲目和不稳定变成了乐观和热情,摩羯座的阴郁和冷酷变成了实干和冷静,水瓶座的冷淡、古怪变成了超越时代的智慧,双鱼座的混沌和狡猾变成了博爱和宽容。

——⊙——

我对此书的设想

——⊙——

我在书中从描绘他们的画像开始,揭示他们的基本需要,发现他们恐惧的开关,打开他们情和欲的大门,体验他们天使和恶魔的两面性。这时,细心的读者会发现,你已经看到了他们内心世界的画面。在此之后的"如果你想诱惑他"、"如果你想与他长相守"、"如果你们分手"是再次提醒读者要满足他们的基本需要和渴望,理解他们的虚弱,不要刺激他们的痛处,不要激起他们的恐惧感。在"调整你的期望值"一栏,让女性朋友再度客观地了解自己的需要和他们所能够自然而然提供给你的,不要让自己不现实的主观愿望和单向思维方式妨碍、破坏了你对美好爱情的渴望。现实的期望值虽然不能够完全保障你们的爱情,但是,它至少不会让你从天堂掉到人间!在"谁最适合他"一栏,我没有选用传统的星相学中的"水与水、水与土"等众所皆知的星座搭配,我认为,在性格上,男女之间没有绝对的"相生与相克"、性格相似的人很容易相处,但是,由于太相似了,我们很难从相似的人身上学习自己所缺乏的优势、弥补自我的不足。性格相异的男女,常常会莫名其妙地走到一起,正是由于相异的人具有我们所没有的特质,他们才会深深地吸引我们,随后,这些吸引我们的性格会很快带给我们最应该学习的、深刻的一课。所谓的相克,常常是性格的摩擦。但是,当我们认识到"性格就是命运"的格言时,我们会有意识地从他人相异的性格中吸取精华,性格的相异就会变成一种推动人生进程的力量。正因为如此,我不认为星座之间存在着中国古代传统意义上"相克"的因素,相克产生的矛盾、摩擦、痛苦正是一个让我们内省、沉思、认识生命的意义的机会,我们会从"相克"的星座上学习到更多的积极的人生智慧。

　　仅仅能够认识自己远远不能够让我们游刃有余地在生活的舞台上欢乐地表演,我们还需要了解同台的演员。我们无时无刻不在与男人打交道,无论是我们的爱人、丈夫、父亲、儿子,或是同事、朋友……男人无处不在。如果你细心观察,你会发现,每一个男人都是不同的。但是,人又是自然界中一个有规律的生灵,每一个不同的人又有相似之处。在这里,我们仅仅是粗略地用十二个星座把男人归类,十二星座是我们理解不同的男人的一个高效、简单的工具。这个工具给我们展示了十二星座的男人不可言说的秘密,它帮助我们超越自己的喜好,克服个人主观视角带给我们的偏见,用多维的视角、双向思维的方式和客观的态度看到人格的不同,它提供给我们与男人友好、和谐相处的方法,这是一个女人理性、健康地成长的一个良性方式。男人远不像他们展示的那样强大无敌,他们有脆弱的自我,有不能够用眼泪冲刷的痛苦,有你不能够帮助解脱的压力,有今生今世也实现不了的神秘的幻想,有不能够与你分享的性的狂想……我们只有深刻地理解他们真实的内心世界,才可能把他们变成我们终生的朋友和情人。仅仅依靠感情的激荡和男女间性的吸引来保持爱情的不衰是艰难的。

　　最后,我再次强调,不要用此书作为操纵和利用男人的指南。我衷心地希望女性朋友们能够理解,男人是我们生活中不可缺少的一部分，他们不但与我们不同，他们之间也存在着巨大的差异。理解他们的不同，从容、坦然、自信、乐观地和他们谈情说爱，他们会和我们一起建设完整的人生，他们会使我们成长为饱满、丰厚、多姿、有魅力的女人。

理解你的白羊座男人
白羊座（3月21日—4月19日）

他是十二个星座中最胆大妄为、

最勇猛、最好斗、最自我的男人。

人们无法不注意到他，他总是跑在最前列，无论他处在什么位置，从你临桌的同事到公司的总裁，无论在工作上还是在球场上，他都要野心勃勃地胜过他人。因为他喜欢竞争，他的无意识中潜藏着不可抑制的好胜心。

他热爱创造新事物，他是大刀阔斧的开拓者，他勇敢大方、无惧无畏，如同"初生牛犊不怕虎"，他总是冲锋在前，开辟江山。在他的词典中，找不到"失败"、"畏惧"这两个词的定义。

他热爱突出自我，他有强大无比的自我意识，人们常常认为他以自我为中心，把自己的利益和喜好放在首位，而忘记了他人的需要和存在。实际上，他有着儿童一般的简单直率的个性，他还没有学会伪装自己，不懂得迂回、含蓄、委婉的美妙意义，他太直率、太自我、太简单，由于缺乏策略他会显得幼稚，由于过于胆大妄为他会显得鲁莽。

他有无穷无尽的能量，像一个奔驰中燃烧着的战车，无论是工作、爱情、生活，只要能够激起他的竞争欲望，他的激情就能够像汽油一样燃起熊熊烈火。他的行动迅速、敏捷，他有惊人的体力，能同时进行几个人不能完成的工作。

他有让别人感到自愧不如的自信和勇气，他有强烈的突出自我的表现欲和天生的领导欲望。没有机会，他会创造机会；机会来临时，他会毫不羞怯、毫不相让地抓住时机。如果他想获得你，他那带着野性的浪漫和粗犷的雄性魅力就会爆发出来，不管你是否愿意，他都会毫无顾虑地把火种撒在你的心里。

他是一个需要刺激和激情的动物，那是他生命的源泉和动力。无论是工作、爱情、生活，他都不断地寻求刺激、危险和挑战。在激情猛烈地燃烧的阶段，他对自己所喜欢的事情会完全彻底地投入，但是他的激情只能够燃烧几分钟。他缺乏耐心和持久力，通常他虎头蛇尾、朝三暮四，无论是工作、爱情、生活，当激情燃尽，他就会由于不能够感受到强烈的刺激而觉得乏味。

他独立、强大、自我，但缺乏耐心，他没有那种可以探测你的情感世界的敏感天线，不善于用温馨的情感抚摸你的内心。当他冲动时，他不会感到他正在践踏、伤害别人的感情。他像个自私的孩子，常常以自己的利益、喜好为中心，而忘记了他人的需要和存在。但是，正是他这种不折不扣的自我精神和"我先你后"的态度，使得他总能很快地得到他想要的一切。有时，好胜的急切让他表现得像个幼稚、挑衅、易怒、暴躁的儿童，他的脾气常常来得比动作还快。当他大发雷霆时，他太清楚这一切，并常常用这种手段达到自己的目的。

他不是沉湎于空谈的幻想家，也不是谨慎计划的规划者，他不懂得畏惧，他有敢作敢为的英雄主义气魄。他成功的也多，失败的也多。在清晨世界还沉湎于睡梦之际，他又已经像骑士一样奔向新的里程。

他的喜好

他最喜欢的就是权力、竞争、取胜的欲望和激情。他喜欢突出自己，喜爱领导别人，出风头。他喜欢任何没有尝试过的新东西，喜欢让他兴奋、刺激的颜色（如红色）、食品和酒。他喜欢激烈竞争的运动，如足球、短跑、拳击、赛车等剧烈的运动。他最大的乐趣就是让你看到他赢。

他不喜欢高尔夫、长跑等持久、缓慢的运动，不喜欢被忽视，不喜欢别人比他表现出色，不喜欢过时、陈旧的东西，不喜欢等待。

他的基本需要

他有一个像儿童一样简单的"自我"世界。这个自我是他生活的中心，他需要大量的崇拜、敬仰以满足他的自尊，他需要爱情、注意力和支持。

他需要一个让他那高压电般的能量得到充分释放的战斗，他需要爱的激情和性欲的释放。他需要像食肉动物那样追逐它的猎物，让他满足的不是捕捉到猎物所带来的胜利的愉悦，而是追捕猎物过程中那种刺激和兴奋。

他的畏惧

人世间很少有让他感到恐惧的事情，他可能是最胆大妄为的男人，越是让人感到恐惧的事反而使他越兴奋。他的大胆和鲁莽让他与危险同行。他是一个不能够生活在安全、平静中的"野生动物"，需要生活在浪尖上感受冲击的极限。他最大的恐惧是远离追捕、战斗和竞争。如果你让他感到安全可靠，你就在为他制造最大的恐惧，这会严重损害他的自尊和自我。

他渴望的女人

他需要那种性驱动力强劲的女人去迎合他随时都能够爆发的性能量，他并不渴望那种温柔的、如花似玉般的淑女，他是个极端自信的男人，越是野性勃勃的女人，越能够激起他追捕的欲望。这是一个强烈地受到本能支配的雄性动物，只要女人能够点燃他的激情，他就随时能够燃起熊熊大火。他不喜欢那种墨守成规、一成不变、没精打采、半死不活的生活，他也不喜欢那种没有活力、缺乏能力、悲观丧气、死气沉沉的女人。

他需要女人给予他百分之百的注意力，他需要占有在他看来最杰出的女人。他的自我世界比现实世界要大得多，这个在星相学中如同初出原始森林、带着野性的雄性动物的男人却如同一个脆弱的儿童，他需要不断地被女人温柔地抚摸，他旺盛的生理系统需要被热烈的爱情燃烧着，否则他就会向别处寻找光明的沐浴。

他这样陷入爱情

在爱情中，他也是勇猛无畏的。他更喜欢追逐和竞争，他会毫无怯意地追寻自己的猎物，直爽、豪放的性格让他毫不费力地吸引女人。当他对你有感情时，他不会去考虑你是否与他适合，你越是不情愿，越能激起他潜在的好胜心，他会越发不停地进攻。他的爱情是浪漫的骑士般的理想，直爽、急躁的性格使得他不愿花时间耐心地等待，他不会和你缓慢地培养感情以建立关系，通常他希望你立刻做出反应,他需要的答案是"yes or no"。

在爱情的浪漫关系上,他诚实、直率,有时过于简单,就像一本易于读懂的儿童书。他也希望你能够像他一样坦率、直接,他无法理解拐弯抹角和迂回的表达,无法揣测对方对于情感含蓄的暗示。他不喜欢矫揉造作、虚情假意,但是,大多数情况下,他又不能够辨别虚实而轻信表面现象,对于复杂、深奥的女人,他可能不会有耐心发现你的内涵。他的简单、直爽会让很多喜爱情感游戏的女人感到乏味,但是,他的热情和勇猛常常让他轻易地就捕获自己的猎物。

他通常需要在爱情关系中占据主导、控制地位。他也会把你放在重要的位置,因为他有强烈的嫉妒心。他的骑士精神和英雄主义,让他在面对竞争时表现得最完美。为保护自己的爱人,他会不惜代价,奋不顾身与人格斗。由于他的身体充满了活力和能力,他很能在身体上强烈地吸引异性。对于那些在生活中寻求保护和依靠以及对肉体需求很高的人,他是你强有力的臂膀和伴侣。

他渴望能够让你感到自己今生从没有被这样爱过。他可能想不起送花,但他的情感强烈又浪漫。被战神火星主宰的白羊座与天蝎座的男人一样被强大的性动力所驱使,是十二星座性动力"之最"。他喜欢被那种战胜、获取你的强烈欲望燃烧着,喜欢那种充满了野性和火药味道的浪漫,喜欢带着野性的追逐。

但是,当浪漫爱情的剧情开始变得如同公式一般能够预测的时候,他就开始感觉乏味了。他需要刺激和创新,他会毫不犹豫地到别处去寻找他的满足。

他的性欲望

他是十二星座之中性能量最强的男人。他像是一个来自原野的雄性动物，不但勇敢、大胆，还要点燃你内心的万丈激情。他的情感伴随着强烈的性冲动，他的性欲像一列不能够停止的战车，随时承载着伟大的爱情。他的性能量强烈得如同八级地震，能够震碎你心房的基底。当他充满性激情时，他不会注意到你的体形、面孔和情感。

在性方面，他雄性十足，热烈又直接，有时会太直接而缺乏含蓄和温柔。如果你不让他知道你要什么，不要期望他会来问你，他有着公羊的本能，但他需要精炼他的技术。他给你能量、活力，你也要给他充分的幻想，要热情、激烈、安抚、支持。

无论在对待女人还是性的问题上（有时他的性和爱属于两个不同的人），他更喜欢一个能让他尊敬而又不让他践踏的女人。尽管他看起来是个支配欲望强烈的男人，但是他并不渴望一个完全屈服、顺从、柔软无力、被动的女人。积极、主动、充满了活力、有强烈的反应的女人能够永远激起他的欲望。你应该坚定地让他知道你的感受和期望，如果你忘记了提醒他，用身体语言的激情让他知道你的力量。

他是个生活在疾风骤雨中的火爆英雄，当他的性能量不能够顺利地释放，就可能转换成火山一样的怒火。他需要的女人要有足够的勇气、智慧和承受力，不但不被他的暴烈吓得呆若木鸡，还要有冰山般的冷静让他尽快平息下来，走出自己制造的、毫无意义的自我消耗。

他不是那种小心谨慎、用高尚的道德来标榜自我和约束自己的人。他的野性和雄性会冲破自我约束的折磨，"一夜情"的欢乐对于他来说更多的可能是由于生理反应，而不是他所寻求的史诗般的浪漫、火山样的激情。不要期望这个性欲极其强烈的生灵永远不会"红杏出墙"，当一切缺乏新意，变成了每日重复的规律时，他会被乏味所袭击。休闲式的、随意的、没有情感的性交可能会是他生活中的一剂良药，不是他不忠诚，而是他的生命动力在于创新。他有着自发的、主动的态度和方式，如果谁点燃他的烈火，谁就会很快地倾倒在他的床上。

作为他的情人和爱人，你需要理解或许肉体的关系比爱情来到得更早。但是，不要以为欢乐的夜晚之后，第二天早上你还能看到同一张燃烧了你的灵魂的面孔。能否留住这个凶悍的野性动物，取决于你是否能抓住他的激情。

他让你爱

他带给你生活、爱和性的激情，他让你感到作为女人的自豪。他能产生震人心弦的激情，即使这是第一百次爱情，他也能让你像初恋般陷入情网。他需要得到你，完全彻底地拥有你，他热烈地追逐你，在没有战胜你的日子里，他就如同生活在中世纪世界里的一个骑着骏马、手持利剑行侠仗义的骑士，为了得到你，不惜生命的代价，甚至可以为了你而决斗。

他果断、勇敢、生机勃勃、热情、慷慨、简单、可爱、直率，充满了雄性魅力。他无所畏惧，他的大胆使很多男人显得软弱、怯懦、无力、虚伪、可怜。他是个十足的男人，他的精力充沛得像运动员，没有任何一种活动能够强烈地消耗他的精力。他有燃烧你的胸怀的激情和性欲望，他的自信和热情不可抑制地从身体的每一个毛孔中散发出来，强烈地冲击着你的心怀。他对生活和爱情的激情，让你感到自己有理由让每一个女人嫉妒。和他在一起，你会无所畏惧，他能够重新燃起你生命的激情，让你看到生活的希望和光芒。

他让你恨

他需要太多的注意力，他有典型的大男子主义作风，把你当成是伺奉他的奴仆，你时刻要满足他的需要。他没有耐心、喜怒无常，不对你的奉献、温柔表示出感恩和欣赏，还时常爆发火性的脾气。当他冲动时，他不会感到他正在践踏、伤害别人的感情。他常常以自己的利益为中心，有时十足地自私。

他不听你的劝告，自以为是，也从不承认自己的错误。他自私、粗鲁、暴躁、任性、无礼、霸道。他简单、粗暴得如同一只刚刚走出大森林、拍打自己胸脯的大猩猩，只顾满足自己的需要，不在乎别人的情感如何，仿佛这个世界上只有他的需要最为重要。

如果你想吸引他

他是个强烈地受到本能支配的雄性动物，他对那种性感艳丽、夺目耀眼、生机勃勃、散发着活力的高能量性感女人产生强烈的反应。你大胆妄为的行动，热烈、动情、坦率、直接的语言和富有诱惑力的性感外表，立刻会引起他的注意。如果你真心地喜欢他,就要小心地维护他那脆弱的自我,让他对女人的动物般的本能需求得到满足。

❧ 你穿什么?

任何性感的衣装比你高深的知识对他更有诱惑力。热烈、鲜艳夺目的色彩(红色最能够吸引他),暴露、别具一格、袒胸露背的性感服装,以及超短裙、超短裤都能够引起他的兴趣。

❧ 在哪里约会?

任何地方,他的注意力在他自己身上。

❧ 和他谈什么?

他是个以自我为中心的男人,喜欢任何围绕着他的谈话内容,巧妙地谈论他的工作、他的服饰、他的生活、他的爱好,使他感到他是如此的重要,以至于你把所有的注意力都给了他。

你还可以和他谈论如何才能够成功,你知道的成功的名人是如何成功的。你还可以告诉他,你天生就知道自己能够成为社会名流,你未来会有巨大的成功,你喜欢体育运动。

如果你想与他长相守

❧ 这样做:

永远记住,他是世界上最自我的人,给他足够的注意力,不断地表扬他。

偶尔要忽视他的存在,对他时近时远,让他感到你不可捕捉。

穿着性感、动人,总让他感受到感官的刺激。

保持旺盛的体力,与他一起锻炼身体。

不要这样做：

不要显得你对他很有兴趣，不要表现出你崇拜他的倾向。

不要让他战胜了你，他需要捕猎的目标，一旦你成为他的俘虏，他会寻找新的猎物！

不要让他认为你已经离不开他，不要天天缠住他不放！

不要与他保持任何有规律的活动。

如果你们分手

他想和你分手

取胜之后的乏味是他与你结束关系的祸害之源。一旦他完全能够控制、占有他的猎物，他的兴奋就已经降温。他的目的并不在于得到你，爱情的快乐在于跋涉千山万水、克服重重困难去追求所爱的人，在竞争、角逐的高峰中体验兴奋、刺激才是他的渴望。如果他面对的是一个温顺的猎物，他会渐渐地失去兴趣。有时，他会努力尝试一次一次地重新挑起过去的激情，如果你还是同一个温顺的猎物，最终他的激情会冷却。如果他离你而去，你最好把过去都忘却，因为，他很难再回头寻找值得怀念的记忆，除非他再也没有其他的追逐目标。

你想和他分手

如果你想与他结束关系，这并不是一件很容易的事情（多数情况下，并不是女人想和他分手，他很可能首先开始感到乏味），你最好以最快的速度从他的生活中消失。因为，他越不能够得到你，他越会觉得更加刺激，你有胆量忽视他的魅力，他就会重新燃起激情，勇猛无敌地再度追逐你。不过，他的持久力并不长久，只要你能够不顾一切地向前跑，一百米之后他就失去了耐力。他很快就会发现新的猎物。如果你无法消失，受到深深伤害的他，能够完全冷冻对你的热情，然后彻底忘掉你。他能够迅速发现新的猎物，在新的追逐中忘掉你。

调整你的期望值

如果你寻求安全的港湾、稳定平静的生活，你就不适合他。他不是那么容易适应这样的生活，但他能让你的生活发生天翻地覆的变化，他带给你一个全新的世界，让你兴奋，让你激动，让你不安。他是一个震撼着你的心怀、拨动着你的神经琴弦、让你总是处于兴奋状态的男人，他的内心如同他的性情一样不安分，他需要日新月异的生活。

如果你真心想要他、还要留住他，你的整个人生都需要不断地挑战，不被他完全征服，你才能够成为他永远的梦。你首先必须要有自我保障，建立安全的自我世界，做一个强大、独立、不被欺压和奴役的女人，你一定要保持自己的一点秘密和自由。你必须要有足够的力量去爱他，必须放弃改变他、掌控他的期望，必须不被他的霸权、粗鲁和大男子主义所吓倒。你唯一成功的希望是与他建立平等的关系，只有你带给他一种无形的平等思想的挑战，让他呼吸到你的清新世界的新鲜空气，你才走上了正路。

你和他的关系是一场有趣的儿童式追逐游戏，他的内心是一个简单、幼稚、好胜的孩子，当他占领了你的所有疆土，当你完全属于他，这场追逐游戏就结束了。你温顺的性格、体贴的态度、杰出的才华、高贵的身份,都不是你能够和他角逐的资本。只有当你永远不被他奴役和征服,这场角逐才能够长久地进行下去。

谁最适合他

白羊座、狮子座、射手座女人:

你和他一拍即合,你们之间充满了活力和乐趣,能够打打闹闹、轰轰烈烈地长期和谐相处。

天秤座女人:

你和他是互补型伴侣。你善于外交和人际关系往来,他处处为你作决定。

双子座、水瓶座女人:

你的理智、冷静是他所羡慕的才智,你能够用智慧指导他的雄性力量。你们是最优秀的结合。

金牛座女人:

你们很可能从强烈的性吸引开始,要克服你的顽固、倔强,你太安定、太单一,他就会转移注意力。

处女座女人:

你们很难相遇。

摩羯座女人:

你们存在着支配、权力之争,长远来看,他远不是你的对手,你需要学习他无畏的勇气。

天蝎座女人:

你可能觉得他太简单,难以吸引你。但是,他是个无畏无惧的男人,你们都有极高的性能量,一旦互相吸引,将是一幅激情燃烧的场面。但是,不要让激情很快燃尽才能够长相守。

巨蟹座女人:

你敏感,他直率,你们的交流成问题。你需要理解他的能量,不要试图让他守在家里,他成熟之后会是你家庭的支柱。

双鱼座女人:

你和他常常一见钟情,但是,能够持续多久,需要你们彼此的努力。

理解你的金牛座男人

金牛座（4月20日—5月20日）

他是十二个星座中最懂得生活乐趣、

最追求感官享受、最顽固、最踏实的男人。

他是十二星座中最务实的男人之一,是扎扎实实的建设者。他让自己的双脚紧紧扎根在土地里,绝不会走近虚幻的、不实际的空想之中,他需要充实、丰盛的物质享受和占有,占有和拥有让他感到他在世界中的力量。他的大脑是为了生活在这个三维的物质世界而设计的,他有最直接的、能够用金钱衡量的、务实的价值观,他懂得金钱是他生活的基础保障,他知道如何获取金钱,更懂得如何享受金钱,他有管理金钱的特殊才能。但是,有时他过于现实,以至于贪图享受、缺乏幻想、让人乏味。

他的感官高度敏锐,受到快乐人生哲学的指导,他懂得及时行乐的重要性。他的人生智慧朴素现实,他不寻求过于复杂的、虚无缥缈、神秘莫测的东西。他不是一个苦行僧,他有最简单、朴实、享乐的幸福观。

他是一个缓慢而且极有耐心的男人,他需要足够的时间去作决定,需要更多的时间去准备行动。当他准备好了,也许人类已经进入了另一个时代。他不会迫不及待地跳入自己不了解的事情和关系中,在做任何事情之前,他都会现实地分析,不慌不忙地搞清楚自己的位置,当感到一切都是现实的、可靠的、没有任何伤害的时候,他就会下定决心,坚定不变。一旦他们作出决定,"九头牛也拉不动一头金牛",他就是一头顽固不化、撞到南墙也不回头的"犟牛"。

他是十二星座中最稳定、最可靠、最持久的男人之一。对于他而言,没有任何模糊不清的概念,他很少会面临摇摆不停、举棋不定的局面。他有条不紊,善始善终,永不放弃。在现实的生活中,他的坚固、可靠让你感到他是你危机时刻一只有力的大手,是人生中可以让你倚靠的坚实臂膀。但是,他的顽固、主观会导致他的思维走进死胡同,对于他不想听到的话,他就如同聋子一般。他缺乏客观、变通或者从别人的角度看问题,他顽固和倔强得难以被别人说服和打动。如果在革命战争时期,他就是那种"宁死不屈"的英雄,如果他在监狱,他就有"势把牢底坐穿"的毅力。他是绝不会轻易地改变自己的主意和信仰的,这样的金牛让你敬仰还是恐惧?

他看起来是一个祥和、平静、沉着,有品位、懂得生活的男人,但是,不要以为他能够轻易地被支配、领导。他虽然不是强悍的支配欲望强烈的男人,但他同样也不会被别人支配。他憎恨被强迫去做任何事,一旦他被逼迫到极点,一头要反抗的金牛是有能力摧毁一切在他牛角前的障碍物的。一般来说,他按照自己缓慢的、有节奏的千年不变的方式,自得其乐地行事。

这头祥和、贪图享受的金牛实际上非常简单,他不需要复杂、高深、玄妙的人生观,虽然不强烈地追求人生的意义,但是,他却比谁都懂得现实中最基本的保障是什么,他就是这么简单地寻求这种保障。他不能够承受没有保障的动荡和危机,无论是物质还是情感,他都会最终去寻找最稳定的局面。爱情关系让他感到生活的意义,但是在爱情关系中,爱人正如一个美的事物,占有才给予他安全和保障。

这是一个踏实、可靠、持久、忠诚的男人,但是如果你不需要那种千年不变、稳如大山的男人,过于现实而缺乏幻想的金牛座也会是一个让人感到乏味的男人。

他的喜好

这是一个寻求本能的感官快乐的动物,他喜欢身体的各个

感觉器官都处在愉悦的美好状态。首先，他喜欢一个多位数的银行账号，喜欢有自己的地产，喜欢美妙、轻柔、浪漫的音乐，喜欢高级的丝织品，喜欢有规律的生活，喜欢重复地做一件事情，喜欢接受别人的高级礼品。他喜欢那些不需要激烈竞争、能够直接带来身体的愉悦感觉的活动，比如，种植花卉、绘画、集邮、唱歌、听音乐、烹饪等等。

他不喜欢变化，不喜欢缺乏安全与保障的人和事情。他不喜欢丑陋，更不喜欢丑陋的女人。他不喜欢过于辛苦的生活，不要期望一个金牛座能够含辛茹苦、勤劳地奉献。他不喜欢过多的变化，不喜欢大吃一惊，不喜欢被人打搅，更不喜欢被你逼迫，他还不喜欢别人借他的东西和钱。

他的基本需要

他是最现实的男人，物质社会的安全保障是他所需要的第一个因素，然后，他需要美丽、愉悦的享受。无论是在事业上还是爱情、性生活上，他都需要稳定、坚固、可靠的保障，任何不确定、不可靠、不稳定的人和关系，都让这个扎扎实实的"土牛"感到焦虑不安。

他平静的神经系统难以承受过多的变化和漂泊、冒险的生活，完全不同于富有征服欲望的白羊座男人，这头实实在在的金牛如果不确定与你的关系，如果不能够保证你属于他，他就不知道这段不安全的关系将如何发展，他会感到紧张、焦虑、恐惧，夜不能眠。因此，懂得了安全保障是他生存的必要条件，你就知道如何安抚这头"倔牛"了。

他的畏惧

没有足够的金钱,就没有享受,就没有充满了美和高尚品位的生活,这就如同抽掉了金牛座赖以生存的基础,没有足够的钱就让他畏惧。他懂得金钱的价值,他也需要了解未来自己的位置是否有保障,为了未来他更需要确定他的环境和选择都很平稳、可靠。

他害怕任何不稳定的因素,害怕变化,他可能会在一个没有太大的发展、但是有稳定保障的位置上长期停留,也不愿意为了改变现状而去冒险。他惧怕被抛弃,他害怕爱上一个他不能保证自己可以完全占有的女人。

他渴望的女人

不同于白羊座的征服的动机,这个实实在在的公牛并不需要战胜女人;也不同于水瓶座,他不需要你有杰出的思想,你不要担心自己不能够与他的思想一起翱翔;也不同于双子座,他并没有对你的大脑和智商有极高的要求;不同于天蝎座,他不需要你能够与他的灵魂共舞。简单、实在的金牛座对于女人的要求最简单、现实,女人是与他一起享受的伴侣,也是带给他器官上的享受的因素之一。

他喜欢女人带来的各种感官上的享受,他渴望被一个美丽的、飘香的、性感的女人所诱惑。美丽、性感的女人带给他视觉、感觉、触觉、嗅觉上的吸引,把他带入了迷幻的世界之中。与一个美丽、性感的女人堕入情网,并且与她共同享受美酒、美食、美妙的音乐、美丽的画面,就能调动他所有的感官系统进入最佳的状态。

他不是一个复杂、深奥、玄妙、古怪的男人,他是一个永久渴望女人的"公牛",他渴望被性感的女人淹没的奇妙感觉。他强烈的肉体欲望使得他渴望被色情的女人诱惑,他对于女人的梦想更多的是类似于《花花公子》杂志上的那种,充满了性的诱惑,美丽、动人的脸庞,优美的身体线条,被其所诱惑、奴役、俘虏,是他梦寐以求的事。

要做他的情人实际上并不是一件难事,一个在视觉、触觉及嗅觉上都能够引起他注意的女人,就是他所渴望的并且能够强烈吸引住他的女人。不过,无论是情感上还是肉体上,强壮的金牛不喜欢软弱、脆弱的人。他需要那种能够有足够的耐力和韧性、持久不变的女人,这种女人首先是他忠实的朋友和情人,她能够带给他强烈、深厚、长久的感情和渴望。

他这样陷入爱情

与白羊座不同,他并不是一个积极主动、毫无畏惧地追求、擒获猎物的勇敢猎人。这是一个较为被动的"懒牛",除非你美丽、性感的魅力让他无法抗拒,否则他很难下决心去采取任何行动。如果你爱上他,不要为他"守株待兔"般的被动而感到不愉快。

由于他渴望安全、寻求保障的意识非常强烈,他一般会选择那种不会过分消耗他的能量,让他感到舒适、稳定的关系。虽然他喜欢被女人诱惑、勾引，但是他期望你能够与他建立稳定的关系，而不是停留于调情、挑逗。一旦关系发展起来，他需要稳定、持久的关系。他勇于奉献，忠于感情，通常都不会轻易放弃对感情的依恋。

由于他顽固的个性，一般你不可能改变他，他希望你能够按照他的方式去做事，为了和平相处，你只有一条路可走——改变你自己。在未来的婚姻中，他会努力为了保障你和他的舒适生活而赚钱，他希望你在他忙碌时能够处理好与外界的关系。他不会像摩羯座和处女座那样像个苦行僧似的，以至于成了赚钱的机器而冷落了你。他不喜欢寂寞独处，他喜欢你能够用物质的形式表达对他的爱，他也懂得礼尚往来，但是不要期待他过分地回报。

他看起来祥和，却有强烈的占有欲，是个充满了嫉妒的生灵。在得到了你以后，你就变成了他财产的一部分，他需要你的每一个部件都要属于他（你的身体、财产、灵魂、才华等等）。他没有天蝎座的深奥和含蓄去掩盖他的妒忌，他不可能容忍你和别人亲昵、调情，更不能宽容你与他关系之外的任何不轨行为。当你挑起他的妒忌心时，你也让自己陷入了危险的境地，稳定的金牛座在失去理智时，只会比西班牙的公牛更可怕，有时暴力会变成他发泄愤怒的唯一方式。你只有一个选择——忠诚不渝，做一个可靠、稳定、安全、有保障的女人是和他长久相处的条件之一。

如果你还处于寻求浪漫、刺激的激情阶段，他的踏实、稳重、可靠反而显得平淡、乏味、没有意思。

他的性欲望

这是十二星座中最能够让身体的每一个器官都得到快乐享受的原始动物。对他而言,性和爱是一个混合体。爱,就意味着做爱。做爱是整个世界上最不需要金钱就能够带给人类享受的活动。因此,性活动对他而言并不是一场和你进行权力较量的游戏,他不会像复杂的天蝎座那样用性来操纵你,也不会像白羊座那样征服你,更不会像水瓶座那样用性来做试验。

他强烈的爱情首先来自于肉体的性欲望。与女人做爱,就如同食物和金钱一样让他热爱。如果你对于性还没有充分的认识,你渴望柏拉图式的精神恋爱,或者你是一个性欲并不旺盛的女人,你寻找爱人的第一条件是能够与你交流思想,你最好去找水瓶座、双子座。他非常务实不务虚,他没有兴趣与你探索看不到、摸不着的思想和理想,除非你有了能够稳稳当当地赚钱的法宝。

他喜欢身体的接触,喜欢被女人轻轻地抚摸、亲吻、拥抱,如果你掌握了抚摸的技巧,你就有了战胜他的绝招,你就知道如何用特殊的身体语言和他交流,你随时都可以把这个看起来祥和、稳定、可靠的"公牛"调理得如同斗牛节上狂奔的野牛! 在一个性欲腾起的公牛面前,你有强大的优势,不要为你的梦幻而腼腆,面对性的诱惑,他永远是一辆燃烧的"欲望号"战车。

高度贪图感官享受的他,并不像很多男人那样有不可抑制的权力欲望,这个可爱的动物喜欢生活在暖洋洋的爱情中,他热爱性及女人。在爱情中,他不仅寻找保障、安全,而且也愿为爱人提供这些。无论是同居还是婚姻,他一般表现得稳定、可靠。当他真的陷入情网,他能够失去控制地狂爱起来,甚至可以完全把自己给予对方,当然,他期望回报。

他不像狮子座那样虚荣、白羊座那样寻求刺激、双子座那样寻求好奇,他不需要没有现实意义的东西来满足自己的乐趣。如果能够和所爱的人在一起,他会很乐意留在家中,而不是去高级豪华餐馆。

简单、可靠的金牛座没有太多的花花肠子,一般来说,他不是寻求精神刺激、朝三暮四、喜新厌旧的花花公子(除非有抵抗不住的、顽强的诱惑),通常,他是位可以信赖的爱人。他也希望自己的爱人不要产生"性障碍",那是他"红杏出墙"的最大的理由。

他让你爱

这是一个给你安全感的忠诚、可靠(非常可靠)、不会给你任何惊奇的结结实实的动物。得到了他,你就得到了十二星座中最懂得物质生活价值的、最脚踏实地的男人。

他坚稳得像座千年不变的山峰,你的生活安全到了晚上连梦都不再做了。他让你享受现实生活的一切:一日三餐美味佳肴,每周数次的性生活必不可少,银行的存款月月有增,他带着你提升生活的品位,你开始欣赏油画、音乐、花卉……你感到明天的生活只能够比今天更美好,一切都是如此地稳固、可靠、可触可摸,你不需要任何幻想。

他守信用,说到做到,他给予你最基本的支持和帮助,不但带领你享受感官上的愉快,还让你不用为了金钱而担忧。他使你感到生活如此有保障,你不再愿意漂泊。

他让你恨

这是一个撞到了南墙也不回头的犟牛，在十二星座中最固执、僵化、不妥协。他顽固到了僵化的程度，无论你如何说教，对他没有丝毫的作用，除非你能够拧下他的脑袋为他安装一组灵活的思维程序。

他现实得没有任何幻想的空间，也不能够理解你的幻想、你的精神追求。他没有更高的要求，你也不能够超越现实，生活一成不变，以至于缺乏活力而让你感到乏味。跟他在一起，生活没有了幻想的色彩，没有了冒险的刺激，你如同生活在一个美好的监狱中。

他太懂得金钱的价值，以至于就像一个抱着金罐子不放手的守财奴。从吃喝到肉欲他从不会亏待自己，他对自己慷慨无度，为别人花费时却有自己的小算盘，让你感到有时金钱仿佛比你更重要。他的懒惰让你不能够忍受，这是十二星座中最懒惰的"懒牛"，生活中的每一件事情都需要你敲打着他才能走。

如果你想吸引他

引起他本能的感官的欲望，就引起了他的注意和渴望。这是被美神维纳斯所主宰的第一个座，他很容易就被美丽的气味、色彩、光线、声音吸引。他喜欢肉体上的享受，喜欢被对方纵容、娇惯，美食、美酒加美女的生活，是他理想的幸福境界。如果你是个漂亮、气味芬芳、擅长美食之人，会立即把金牛牢牢地吸引住。

❧ 你穿什么？

请给他迷人的微笑、诱惑人的外表，穿着最衬托你的体形的艳丽服装（金牛座不喜欢忧伤，不要穿着色彩暗淡的服装）；他的嗅觉对于香料出奇地敏锐，你别忘了轻洒香水；他渴望身体的亲密接触，喜欢女人的抚摸。

❧ 在哪里约会？

和他在餐馆或任何能够吃东西的地方相见，最好在高档的餐馆（第一次你尽量付自己的那一份费用）。他喜欢美食、美酒，让他饱尝美味佳肴，用高档的葡萄酒助兴，屋里放着鲜花或者玫瑰，点燃蜡烛，让轻柔的音乐伴随你们进餐。一切都由此开始，他就再也无法忘记你。

以后，你可以常和他去歌剧院、音乐会、艺术馆、花卉展览、手工艺品商店、陶瓷店，或者在公园里散步，到乡村游玩。

❧ 和他谈什么？

和他谈论的话题不要玄乎其玄，谈享受和赚钱，你们就找到了共同点。关于食品、花卉、音乐、陶瓷、花园、股市、房地产价格和地段的话题，都能够引起他的兴趣。

❧ 这样做：

让他感到你是个安全的女人，他不能够承受多变、不稳定的女人。

要尽量与他保持一致，即使有分歧，也不要试图说服他。

不要过快地跳进关系之中，他需要时间来考验你和作决定。

不要强迫他、催促他，一个被激怒的、要造反的金牛座是无坚不摧的。

当他愤怒时，你的选择只有一条：逃跑。

他需要身体感官的性快乐，你要尽可能地给他。

不要这样做：

永远不要试图改变他。

不要试图用别的男人来让他感到嫉妒，不要触及他的占有欲望。

尽量不要让他为你消费，不要未经允许便动他的东西。

不要在他愤怒时与他争吵。

不要在他吃东西时打搅他。

如果你们分手

他想和你分手

如果他要抛弃你，他也需要很长时间才能作出决定。由于他的缓慢、稳定、持久、简单、不敏感的个性，通常他不擅长对人的性格作准确的判断，一旦他喜欢你，他很难相信你对他不合适，他有极强的承受力，让你们能够继续进行下去。一旦他认定了目标，他通常不会回头。除非他被更美丽、迷人的女人吸引，而且已经造成了不可改变的定局。

你想和他分手

如果你要放弃他，这是一个难题！首先，这不是一个能够在短时间内完成的任务，你要有足够的心理准备，突然地与他分手，可能会造成你们两个人不可摆脱的困境。他是一个拒绝变化的座，你突如其来的变化会改变他稳定、温和的性格，引发他强暴的一面，失去以往的祥和的他会让你永远后悔你的选择。很多情况下，他不能够理解你要抛弃他的理由，因为，他很难从你的观点看问题。不过,即使你已经不是他理想的情人,他也会尽一切努力希望你能够"物归原主"。如果你不能够回头,你将等待一场大清算,他会记住他为你付出的一切。他会在长时间内困惑、怀疑,有时他甚至会大病一场,但是强壮的他终究会慢慢愈合。所以,如果你是一个只想调情而不想建立关系的人,你最好不要找他,你会严重地伤害他,也给自己带来较长时间难以摆脱的麻烦。

如果你不想伤害他,这就更不容易,你不要渴望他能够自己领悟你的含蓄和冷淡。大多数情况下,他并不敏感,一旦你开始冷淡、疏远他,通常他不太容易察觉。所以,你最好的办法是渐渐地疏远外加上含蓄的暗示,让你们见面的间隔时间逐渐加长,但是相处的时间却越来越短。他喜欢稳定、可靠的女人,他也需要经济上的保障,你最好含蓄地显示出你是一个善于挥霍、没有计划的女人,而且暗示他长期以来造成的自己经济上的困境。当他不得不面对你不是他理想的情人的现实时,他会深感痛苦,开始,他在感情上还依赖于你,他还希望你能够转变,但如果你毫无悔改之意,他会在漫长的困惑后作出决定。不过,你一定要有进行持久战的准备。

调整你的期望值

这是一个可以陪你稳稳当当、相濡以沫、安心地享受现实生活的人。尤其是当他的各种感官的需要得到了充分的满足以后,他会是一个让你安心的可爱的丈夫及朋友。只要你能够滋养他的感官,还让他感到与你的关系安全、可靠、持久,他就会给你爱情和友谊,在你情绪危机时用简单的忠厚支撑着你,给予你深信不疑的现实世界里的爱和支持。他是十二星座中最懂得健康、快乐地享受人生的男人。

但是,如果你是一个充满了幻想、寻求神话般的浪漫的女人,如果你需要日新月异、激动人心、惊天动地、充满了戏剧情节的生活,稳定、祥和、百年不变、幻想器官不发达的金牛座会让你感到乏味、无趣。

谁最适合他

金牛座女人:

你们是一对能够舒舒服服地生活的好伴侣。但是,你们常常错过了对方,他不是个积极主动的人,他都懒得诱惑你。

处女座、摩羯座女人:

你们都是生活在地球上的人,和他能够融洽地相处。他能够带给你们健康的生活价值观,教会你们放下生活的焦虑。

白羊座、狮子座、射手座、双子座女人:

不要认为他稳定的性格缺乏挑战性,如果你们能够让这个牢靠的建设者行动,他就能够实现你们的任何新思想。但是,白羊座、狮子座的女人不要试图逼迫、压制他。

天蝎座、巨蟹座、双鱼座女人:

他给你们可靠、安全的感情保障,你们是和谐的伴侣。天蝎座,和他的性兴奋过去之后,你会感到他需要更多的精神营养。双鱼座,他难以追随你走进幻想的世界,你的不稳定会成为潜在的矛盾焦点。

天秤座女人：

虽然来自不同的星球，但是，你们都来自一个享受的天堂，你们有平和的、看似稳定的关系，能够长期黏在一起。

水瓶座女人：

你和他如同天上人间，相遇很难，虽然你和他有太多的相异之处，但他能够让你享受人间的生活，只是你别希望他能够理解你的与众不同。

英格丽如是说

通常,在我们陷入爱情的时候,是我们从对方的身上发现了我们喜欢的自己身上的特质,我们在无意识之中陷入了与自己美好的影子的爱情之中,一个著名的拉美作家说过这样的话:"人们不爱别人,他们只不过通过别人爱自己。" 爱情和友谊就是一面最好的镜子,我们喜欢的和憎恨的品质,都是我们自己在他人身上的映射,这些品质能够引起我们强烈的个人反应。

十二星座恋爱密码

理解你的双子座男人

双子座（5月21日—6月20日）

他是十二个星座中最灵活、反应最快、最乖巧、最能言善道的男人，也是最不安分的男人之一。

他那永动机一般的大脑，就像是流不尽的新主意的源泉，他眼睛一转，就来了灵感，让你困惑多日的难题，他瞬间就找到了答案。但是，他的主意变化快得更是让人不可思议，他的大脑不停地产生新主意，他自己却像个掰棒子的猴子，没有一个持久思想和他相伴随。他的反应飞快，让你应接不暇，在谈论问题时，你还没有回过味来，他早已跳到了另一个话题。不是他不专心，而是正常人无法跟得上他思维的步伐。他不但头脑反应快，还动作敏捷，他有惊人的高效率，一个人能在短期内完成几个人的活。

他聪明伶俐，有惊人的学习能力，任何新奇的事物，他转眼间就能够学会。但是，他只有三分钟热情，兴趣转移也快得不可思议。他是个肤浅的男人，他兴趣广泛，看起来好像多才多艺，但是，他却难得精通、深刻，他害怕深奥和沉重。

他是世界上"最好的销售员"，他有"把任何东西卖给任何人"的超级销售本领。这是由于他是上帝派来的语言天使，具有非凡的语言天才，善于表达、沟通、交流，能说会道、花言巧语，他轻快、俏皮、诙谐、幽默的甜言蜜语往往让天秤座也会感到班门弄斧。他深谙处世之道，会见风使舵、随机应变，机智、灵活，有超强的与陌生人结识的本领，你稍不注意，就有可能被他牵着鼻子走。无论走到哪里，他闪烁不定的眼睛、淘气狡猾的笑容、风趣幽默的语言，让他总能够讨得男女老少的欢心。他有大批的相识者，但是他与他们又不会过于亲密无间。

他是个"没心没肺"、快乐、友好、忙碌不停、永远长不大的孩子，你一旦像对待一个成熟的正常人那样信任他，你就只有气得发疯。和他相处就像是和儿童玩游戏，最后哭泣的一定是你。他性情多变，常常一时间兴致勃勃，一时间又闷闷不乐。他清淡得如同空气，刀枪不入，不易被伤害，即使他有痛苦，短得可怜的记忆力也让他记不住痛苦的滋味。他立下的保证极多，但是他能够记得住的却极少。

他充满活力，好像一出生就得了"儿童多动症"，一天到晚忙个不停。他是个难以靠近的"花蝴蝶"，当你走得太近，他就惊吓得飞走。但是，他又是个不能忍受寂寞和孤独的男人，时刻需要与人在一起。他胸怀宽大、为人友好，有极大的包纳能力，能够容忍他人的强烈个性，也可以随时调整自己去满足他人的需要。他不稳定得就像空气一样清淡、飘动，也狡猾得让你摸不着他的踪影，他变化多端，你永远也别想依靠他。

他是长在墙头上的草，在需要决策时，他左思右想、变来变去、举棋不定。在他作出一个决定时，他也作出了要改变这个决定的决定。他有超人的灵活，通常他的灵活也是"没有原则"的代名词。他不喜欢计划，因为他的计划永远也赶不上他的变化。

他没有太多的野心和权利欲望，却有填不满的好奇。他有铺天盖地的信息，花边新闻、道听途说的无聊信息他都能够迅速传遍。他是个天生的好演员，能够惟妙惟肖地模仿别人。

他不是个能够战胜困难的人，遇到障碍和冲突时，他宁可用小机灵绕开困境，也不愿意面对冲突和矛盾。他缺乏持久力和坚韧性，常常是有头无尾或者虎头蛇尾。他不喜欢暴力和攻击，通常他是文明、客观、易于合作的好朋友、好伙伴，而不是一个粗暴、无礼、专制、支配欲望强烈的男人。

他不知道什么是限制、什么是纪律，他就是一只飞舞不停的蝴蝶。他"一半是天使，一半是恶魔"，一生都在寻找自己双生子的另一半。

他的喜好

他喜欢好时光，喜欢聚会，喜欢和人们在一起，喜欢各种各样的活动，喜欢那些刺激他大脑的智力游戏，他还喜欢学习（但不是研究）任何他还不了解的知识。他喜欢同时做几件事，喜欢电话、电视、报纸、杂志等任何能够带给他信息的东西。

他喜欢小情调，喜欢从别人的身上找到新异的东西。他还喜欢传播小道消息，甚至喜欢撒谎，因为，在谎言中，他发现了无穷的乐趣。他喜欢随时改变自己的决定，喜欢变化、不确定的决定，这样他才感到有自由。

他喜欢短、平、快的事情，不喜欢长期的打算。他没有常性，不喜欢等待。他不喜欢固定的思想，不喜欢完全彻底地投入到一件事情中。

他的基本需要

他需要自由，飞舞的蝴蝶需要自己的小空间，但是他还需要有你的陪伴。他需要不断的智力游戏和对于大脑的挑战，他需要在智力上得到刺激，而不是强烈渴望感情上安定的人。

他需要学习知识和得到信息，他需要每天都有让他的好奇心得到满足的发现和新信息。

他需要沟通、交流，因此，他永远需要伴侣。最好的伴侣是那种有高度幽默感，而且像他一样爱思考、睿智、兴奋和多变的人。他需要别人赞扬他的高明主意。

他的畏惧

他是个需要飞舞的花蝴蝶，害怕失去空间，害怕被限制自由。哪怕一点点的限制也会使他感到严重的窒息。他害怕平静、安定、没有变化和新意的生活，常规、有序的生活就是让他畏惧的陷阱。他的头脑中，唯一的安定就是变化，只有变化才使他感到生命的活力。

他害怕乏味，他不停地寻求新异。他害怕孤独，他不能够一个人独处。他害怕过于漫长、遥远、持久不变。不要让他作出长远的计划，他害怕持久的付出。

他渴望的女人

他没有一个固定的特殊倾向，正如他不是一个仅仅有一种品位的人，无论高雅、精致还是淳朴、大方，他都会好奇地去品尝。他几乎对所有不了解的人和事都好奇，对于女人他也是如此，他喜欢各种不同的女人围绕着他。他不从女人身上寻求情感，与女人调情（或者说是友好的交谈）比拥有女人更让他兴奋。不过，能够与一个让他的大脑不平静的女人交手，他就开始产生他认为的情感（你可能依然认为那根本不是情感）。作为他的女人，首先应该理解他的爱总是伴随着距离和漠然，他渴望女人能够理解他那来自大脑（而不是心田）的情感世界。

作为他的女人，必须要懂得他对于自由空间的渴望，他不喜欢一个要占有他、支配他的女人，无论你多么的温柔、贤惠、充满了传统的女人味,遗憾的是这些都不对他的胃口。他不会为了有一个贤惠的女人在家等候而不再飞舞。他是那么地容易感到乏味,如果一个女人心绪不佳、需要男人不断安慰和保护,会很快让快活、清淡的他逃之夭夭。

他会很快被那种能够帮助他开阔思维、开拓职业道路、指点人生困惑的女人所吸引。大多数情况下,他不是一个缺乏自信的男人,他既不骄傲、也不自卑。他也不像传统的男人那样有支配欲,他不需要女人为他献身,他需要女人能够在智力上给他刺激。他热爱四处旅游,他渴望的女人还应该是一个能够和他一起短期旅游的好伴侣。

他这样陷入爱情

他寻找的爱情关系是完全自由、宽松的,而不是那种完全占有的、只有在被紧紧拥抱中才能够感到亲密的卿卿我我式的爱情。他不需要像白羊座一样生活在强烈的激情之中,不像狮子座那样需要充满了戏剧色彩和史诗般浪漫的爱情故事,也不像金牛座那样寻求安定和保障。爱情对他来说是一个浪漫的理想,让他遇到了他双子的另一半。正因为如此,他不断地调情、变幻,他最适合的关系是那种给他一定的幻觉,又保持一定距离的平等、友好、自由、松散的浪漫关系。

在爱情中,他首先会被洪流般的感情所困惑。他可能表现得前后不一致,他会突然让你感到遥远、淡然,又会突然亲密无比。当你找到一个双子座,你就已经同时在与魔鬼和天使打交道了。他的第一反应是用大脑思索爱情,他需要理性地分析这种感情是不是合乎逻辑，你是否是个有趣的人。感情历来是他的一个大麻烦，来自心田的感情对善于用大脑思维的他而言，是一个外来之物，他最畏惧的就是感情战胜了理智，他可能会抑制强烈的感情。双子座是十二星座中唯一用人作为象征的星座，他显然是最理智、最文明的男人，他的感情是大脑的再生物，他总是要先让大脑过滤，再作出决定，很少会凭着人类动物的本能反应行事。一旦投入到爱情里，他会变得如同一个依赖母亲的孩子，对你非常敏感。但是，他却不会表达他的情感。

他是天才的调情高手，调情的语句似乎是上帝预先装在他大脑中的软件，只要他张口，程序就开始工作。他会赞美你的身材、眼睛，他会不由自主地告诉你，你是千载难逢的奇妙的女人。但是，你如果以为这样就可以嫁给他还为时过早。不要以为你是他唯一的亲人和女人，即使他对你有兴趣时，你也不要急于陷入情网，你需要一段时间来看一看自己是不是真的让他迷恋。

他淡然，害怕卷入太深的感情，他好像也不知道什么是嫉妒，但不要误以为他根本就没有感情。如果你发现他和别的女人关系密切，也不要大惊小怪，他不是变心，只是好奇。在他的词汇中，"忠诚、稳定、永远、不变"的定义非常不明确。他是个不能够孤独的男人，他永远需要女人，更准确地说，他需要一个能够玩乐的好伙伴。

成熟以后的他会明白，他不可能什么都要，他的小聪明让他懂得如何找一个他认为最佳的人选而结婚，他也能够抑制自己对于未知的好奇。不过，他动荡不安的个性还要继续，他也许还会再继续寻求兴奋。

他的性欲望

他对于性的好奇心如同对于知识的追求，这个童心不泯的大孩子需要性的新异刺激他的大脑。在性爱方面，他寻求不同花样的兴趣远大于他对于性爱本身的体验，他的天性就是去寻求多种多样的清淡、欢快、惊喜的小浪漫。

他那臭名昭著的"花蝴蝶"的名声，让人们误以为他是一个混乱的、纯粹的性动物。作为十二星座中唯一的用人类象征的座，星相学家认为"双子"意味着"一半阴性、一半阳性"（当然，还有"一半天使、一半魔鬼"），这意味着他平衡、中和了阴阳星座的能量，正如中国中医中的阴阳平衡一样，他完好地平衡了阴阳的能量。这使得我们不难理解他为什么既受到女人的喜爱，又不缺乏男性的朋友。他的平衡能量非常符合现代社会对于男女关系定位的倾向，他高度理智、文明，不是狂野的、不可抑制性欲的男人，也不是一个强烈地受到动物般的性驱动的人。他不歧视异性，他更需要女人作为他的平等的好伙伴，他只是一个不可改变的、好奇的、不克制自己的顽童。

习惯性的理想思维，让他成为一个能够压抑情感的人，当他需要性时，他才能够释放情感。他需要的性远远高于动物般的性的本能，你应该懂得你是他的一个好伙伴，他需要的是你与他欢乐的时刻，他需要在性中真实地体验他的感情。他的性激情首先来自于他贪婪的好奇心，他的大脑永远不会在迷乱中失去求知的欲望，即使在销魂的美好时刻，他的好奇心和一心多用的本领也让他能够一边看电视，一边做爱。如果可能，他甚至希望他的灵魂脱窍，这样他可以好奇地看到在感情和本能支配下的他到底是什么样。他在性中有各种各样的发明,镜子、摄像机等都是做爱见证用的道具。因为,他显然不是为了"性"而性!他对性的反应极快,他没有耐心等待,所有女人喜欢的性前的爱抚、亲密准备,都会浪费他的激情。当他的欲望到来时,他需要立刻就释放,无论是在厨房还是在野外。

他让你爱

他聪明、灵活、乖巧、随和,颇有人缘,招人喜爱,像个快乐的孩子。他通融、豁达、善良,友好轻松的笑容和幽默诙谐的语言,像一阵春风吹散你郁积的忧伤,他的个性如同 6 月的阳光一样明亮、轻快,他总能够让你开怀大笑。和他在一起几分钟你就知道,他一定不会让你觉得乏味,他像个喜剧演员,消极、低沉、阴郁的情绪都不会和他结缘。你无法抗拒他散发出的欢快的魅力。

他是十二星座中最文明的一个。他民主、平等、友善,对待你像是对待一个淑女。他既不霸道,也不跋扈,举止文明、礼貌,帮助你清除了大脑中传统的大男子主义的形象。虽然脱不了顽童气,但是他是个真正的绅士。他宽容,不顽固,能够放下男人强大的自我,无论你是什么样的女人,他都能够用没有疆界的宽容包纳你,能够让自己适合你。

他没有强烈的占有欲望,他能够给你自由,让你有异性的朋友。他会给你空间,让你自由发展成你期望中的自我,他还能够用他不凡的智力帮助你实现梦想。和他在一起,你不用担心自己会成为一个为他服务的家庭主妇。他能够平等地对待女人,更不害怕你会比他更强大。他理智、客观，不感情用事，不记仇，你不用担心有了冲突而影响两人关系的发展。

他智力超群，他的大脑就像个生产思想和主意的永动机，眼睛一转，就给你一个惊喜。他仅仅用十分之一的智力就足以应付任何艰难的工作。他能言善辩，你总能听到让你心悦的甜言蜜语，尖酸刻薄的伤人语句不会从他那儿脱口而出。

他让你恨

如果你想在他身上找安定、保障，你只会发现自己从空中摔下来，把你人生的梦想摔得粉碎。他不稳定，反复无常，不可预测，不但情绪千变万化，对于任何事情也都没有常性。他不守信用、不负责任到了令你痛恨的程度，他漫不经心、随口就承诺，然后，把他的承诺丢得无影无踪。他是一个地地道道的"没谱儿"的人，与他在一起进行的事情都没有保障。只有一点你可以保证，那就是他随时都在变化之中，你的计划永远也赶不上他的变化。

他充满了诱惑力，轻而易举就诱惑你坠入情网。当你认真地考虑到稳定的关系时，他就开始显得漫不经心了，很快他的心就会飞得无影无踪。他古怪、任性，像个患多动症的孩子，即使你们在一起，你也会发现没有办法让他专心，虽然他"身在曹营"，但是你却不知他心在何方。他那两只眨动不停的眼睛，像小鸟一样机灵地四处张望，寻找更让他兴奋的人和事。

他不能够承受孤独，永远需要别人陪伴。他是个唐璜一样的花花公子，即使和你在一起，他也忘不了和别人调情，他会把说给你的打动人心的话，也重复说给别人。

他是个肤浅的男人，不求甚解，对什么都是半瓶子醋，顶多是一知半解。他不寻求深刻的认识，更没有严肃的人生态度，即使非常严重的事情，他的清淡和不认真的表现也能让你怒不可遏。

如果你想吸引他

他喜欢和女人玩智力游戏，他永不停歇的大脑需要各种奇异的食品。如果你能够调动他的大脑，你就吸引了他的注意力。他能轻易地被你的智慧和新奇的思想点燃，他也喜欢为你设置智力陷阱，如果你能够成功地识破他，你就可以和他交手。

你不能够对他表现出过高的兴趣，他不喜欢情感浓烈和过于亲密。你也要像他一样淡然，甚至冷漠，但是你要像他一样友好。无论是感情、性还是智力，他都喜欢玩游戏，你要和他下感情的棋，既要不断地用敏锐的眼光探索他，又要若即若离地让他猜测你。你越不可预测，他就越有兴趣。

他是那种轻易就感到乏味的人，如果你让他感到有一种不可预见的挑战，让他迷惑，让他为何时才能再见到你而焦虑，你就抓住了他。不过，他是个感情淡然的人，你需要时常挑起他的兴趣，才能够让他的感情绵延。

✄ 你穿什么？

你的幽默、智慧、言辞，比你外表华丽的服饰更加重要。你不需要有极其性感的外表，只要看起来是正常、年轻的女人就行。

但是你一定不能够缺少聪明的大脑和有趣的性格。

❧ 在哪里约会？

通常，他是一个都市男人，他喜欢城市的繁华和灯光，不要和他去乡村或神秘古怪的地方。在城市最时尚、最流行的地方约会，或者去最新开发的展览馆、电影院、书店、餐馆、音乐会都是好主意。

❧ 和他谈什么？

谈什么都可以。你需要有足够的信息，并且不断地改变话题，从印象派画展、电影、音乐会到世界上的大事件，从总统的花边新闻、奥运会贿赂的丑闻到未来世界的发展，都能够引起他的兴趣。但是，不要涉及深刻的思想，挖掘黑暗的灵魂，肤浅的他不但听不懂，还会吓得落荒而逃。

如果你想与他长相守

❧ 这样做：

不断地磨练你的大脑，让大脑高度灵活地运转。

认真听他讲的话，他随时可能在与你玩智力游戏。

要有迅速作出决定的能力，他是个举棋不定的人，他需要你为他作决定。

要比他知道得多，因此，你需要不断地学习，多读书，多了解信息。

你要练习自己的语言表达能力，他总是需要与你交流。

发现他的新思想，并且及时地表扬他。

把他当成一个可爱的孩子来欣赏，而不是一个成年的男人。

❧ 不要这样做:

不要限制他的个人自由,让他自由地飞舞,你永远也无法限制他的心。

不用急于和他确定关系,你走得越近,他跑得越快。

不要做一个乏味的和寻求安全保护的女人。

不要对任何事情都缺乏兴趣。

不要过于相信他的承诺,不用过于相信他的赞美。

不要嫉妒才是最好的自我保护。

如果你们分手

❧ 他想和你分手

恐怕在你还没有完全跳入爱情之前,他就已经飞向远方。他不想伤害你,他会一夜之间就消失得无影无踪,这时,你就明白他管不住自己的翅膀。

❧ 你想和他分手

通常,当你要离去时,如果你真诚地摊牌,告诉他你只想自己孤独地生活一阵,你感到和他在一起已经乏味,希望他成为你最好的朋友,他反而会突然发现对你产生了感情,他会恋恋不舍地追求你。他有千百张面孔,他会发誓变成你渴望的人,他会可怜得像个恋母的孩子。这时,你绝对不会忍心伤害他,他就这样轻易地留住你,但是,这仅仅是由于他发现你此时此刻是世界上最有趣、最不可离开的人。

当你想和他分手时，你最好表现得像一个愚钝、乏味的女人，仿佛对什么都没有兴趣，你不想出去参加任何活动，不去做任何事情，不和他交流，不听他说话，不读书，不看报，没有性欲，只有食欲，他就会张开翅膀飞走。

调整你的期望值

如果你看透了安全生活背后的乏味和无聊，他肯定适合你。他是最开心、最易于合作、不乏味的好伙伴，他每时每刻都是不一样的人。他的智力让你感到把白羊座、狮子座、天蝎座、摩羯座这几个最强权的座加起来也没有他聪明伶俐和强大。

但是，他也是最不可靠的男人之一。如果你没有独立的自我，想寻找能够安心地在家中拥抱着你的男人，你最好忘记他，更不要想和他跨入婚姻。尽管他让你感到你已经得到他，但是他是臭名昭著的寻求新异的花蝴蝶，常常是由于思想上的隐患而导致爱情的衰亡。你更不要迫不及待地渴望他能够尽快结婚，除非你真正知道你在干什么，否则，你很快就会从海市蜃楼中跌下。你最好的爱情态度就是，只爱此刻的他，而且你自己也必须像他一样在外面忙个不停。当你不想考虑把关系立刻定下来，你反而可能会一辈子留住他。

他给你提供了成长的好机会，你懂得了"钢铁是怎样炼成的"，你知道了什么是"和魔鬼打交道的人"，你也会明白"大女人"的气度是如何修炼而成的。

谁最适合他

双子座女人：

毫无疑问，没有比你更适合他的了。分分离离是家常便饭，你们在一起就是一盘永远下不完的棋。

水瓶座、射手座、天秤座女人：

寻求新异、求知是你们共同的特色，你们有宽松的关系，这比法律文件更有力。

狮子座、白羊座女人：

你们天生就知道如何和谐地相处，你们彼此欣赏，他知道如何对待你们的强权。你们是非常合适的伴侣。

天蝎座女人：

你深奥，他肤浅，除了你们都是人之外，几乎没有多少相同之处。可是当你们相遇后却难以分离，你们是一物降一物，陷入荒唐的婚姻，久久不分离则是最常见的事情。

巨蟹座女人：

你们彼此猜不透对方，你迂回，他多变，常常有意想不到的浪漫。但是，他成熟以后才能够成为你的安全港湾。

双鱼座女人：

你和他如同鸟和鱼，一个在天上飞，一个在水中游，但是，你们却能够弥补对方的不足。你们不需要安全和保障，是一对自由自在的恋人。

金牛座女人：

你们是最好的朋友，也可以发展成理性的恋人和伴侣。你有实干精神，他有无穷的主意。

摩羯座女人：

他宽大的胸怀吸引着你，你的冷静和雄心吸引着他。但是，控制他之前，你最好先控制你自己。

处女座女人：

你们来自一个文明、进化的星球，都有发达的头脑，你们是两个文明的人。他的不稳定让你眼花缭乱，如果你不对他太苛求、认真，他总会被你的理智、有条理所吸引。

理解你的巨蟹座男人

巨蟹座（6月21日—7月22日）

他是十二个星座中最敏感、最懂得关心人、
最富有女人般的情感的男人。

他是个充满了情感的男人，虽然外表坚硬，但是内心高度敏感、温柔。他情感细腻，具有女性般关怀、体贴的美德，待人和蔼，深谙做人之道。他善于用海潮般温柔的关怀作为人际交往的手段，能够用个人的情感打动、团结身边的人。他善于对别人进行细致入微的观察和体验，能够把握别人的心态和情感需要。他充满了关怀和爱护，以至于他能够以此来窒息你、占有你、操纵你。

　　他对于外界过于敏感的反应使他的内心世界风起云涌、难以平静。他太看重自己的感情，敏感使他常常承受着怀疑主义的自我折磨，常常把小事看得很重，这使他的自尊心极其容易受伤，处在悲观状态。他最渴望别人能够理解他的情感世界，但是，他又不直接地敞开自己的心怀，他的情绪、脾气瞬间变化无常，一会儿冷静、淡然，一会儿又是多情善感，一会儿他的怒容能够像八级狂风，顷刻间他又可能变得冷如冰山，让你感到内疚、不安。你很难真正理解他，更别想了解他，这是因为他的心中充满了感情风暴。

　　他有本能的生存和自我保护的能力，但是，他并不喜欢直接的交锋和冲突，遇到矛盾，他习惯采取含蓄、间接的方式来回避。他通常会由于对外界的敏感反应而紧闭坚硬的外壳，通过像螃蟹一样地后退、躲避来表达他难以发泄的愤怒。他会用复杂、谜语一样的"弯弯绕"的方式和你交流，如果你不懂得猜测、迂回的策略，就不懂得他的奥妙。

　　尽管他表现得非常强硬，任何时候都不显示他脆弱的一面，但是只有他自己知道他的内在世界多么脆弱、缺乏安全。安全保障是他的重要基点，只有身后有强大的金钱做支撑，他才会感到安全。他比任何人都懂得金钱的价值，他可以不需要权力，但是他有无尽的动力创造财富。感情上，他更需要安全的港湾，这使他渴望建立家庭,并且有天才的本领建筑人生的巢穴,他知道如何舒适地生存在地球上。他是一个坚定不移的男人,他缓慢、持久地满足自己的渴望和需要,只要被他的蟹爪抓住,他从不轻易放弃。无论是财富还是你,只要变成了他的目标,几乎没有什么能让他停步。

他受感情的驱动而行事,凭借敏锐的感觉和精辟的洞察能力,能够抓住你心理的脉搏,不需要依靠理性的分析和思考。他有巨大的、丰富的想象力,有无限浪漫温馨的情调。他最懂得和女人融洽相处的秘诀,含蓄而幽默,亲密而体贴,能轻而易举地就走进你的世界。但是他波动的情感、扑朔迷离的敏感性格,使你几乎不可能预测什么时候可以真的拥有他。

他感情丰富又乐于帮助有需要的人,并喜欢被需要与被保护的感觉。他走到哪里都能够形成一个小团体。他有父亲般养育人、关心人的本领,当他真的关心人时(只有他真的信任你了),他就像对待自己的家庭成员一样。亲切的关怀、真诚的爱护、温柔的照顾都是他与生俱来的笼络人心的特质。

他是个怀念历史的男人,对于过去的怀念、敏感和过分的自我保护使他有时不能在行动上勇往直前,他常不自觉地隐藏自己。他是个热爱亲情和家庭的男人,他最具备建立家庭的稳定素质。

他的关怀让你迷恋,他的忠实让你可以依赖,他富于人情味和幽默感,还有着一股说不出的神秘魅力。他多变的情绪也像谜一般让你琢磨不定,你常常感到面对的不是一个男人,而是多个男人的面孔。

他的喜好

他喜欢回忆过去,同时更关心他身边的一切,思考这些能延续多久。他喜欢历史和一切与家族的过去有关的事情,如家谱、传家之物,还喜欢收集古董和古老的有价值的东西。他喜欢购物的诀窍,喜欢身体的亲密接触,喜欢任何喜欢他母亲的人。他喜欢平静、安逸、有水的环境,喜欢任何能够展示情感的物品(如鲜花、生日卡),喜欢管理好家庭,喜欢食品和烹饪。

他不喜欢来自家人的任何批评,不喜欢在别人的压力下进行谈话,不喜欢处理紧急事务,不喜欢任何批评他的烹饪水平的人。

他的基本需要

虽然他属于水元素族,但他心灵上最需要安全和保障。金钱能够提高他的生活安全感,是他在情感上首先感到安全的基础,这是他生活的支撑点。他工作的目标非常明确,不是为了乐趣和兴致,而是为了金钱。

他需要建立一个安稳、舒适、完整的家庭,有个浪漫、称职的妻子和足够的金钱,能够让他应付突如其来的灾难。他需要和家人保持密切的联系,需要后代,因为他有强烈的家族延续的责任感,需要后代传继家业。

他的畏惧

他最害怕没有一个安全、稳定、能够遮风避雨的港湾。他会不惜一切保护自己的家园,他拥有了之后,还害怕失去它。他还害怕没有后代,他对于后代的爱护胜于爱护自己的生命。

他渴望的女人

他是个有浪漫情调的男人,有强大的幻想能力,他对女人的态度既现实又浪漫。他渴望那种强大、冷静、情绪稳定的女人,这种女人生机勃勃、积极进取,有安全的自我保障感,知道自己需要什么,而且有能力去得到,这些正是他所向往而又缺乏的。

他需要一个让他感到安全的女人,这种女人不但能让自我安全,也能够给他积极的力量。他不一定像双子座、水瓶座那样需要思想上的刺激,他的人生态度摆脱不了正统的传宗接代的影响,他需要结婚、成家、养孩子。他更多的考虑是现在的这个恋人未来会不会是孩子的好母亲。

由于内心缺乏安全感,他非常敏感,善于自我保护,强大、独立的女人又会有过多的社会活动而让他疑心重重。因此,他常常在渴望和现实之间摇摆不定,通常并不轻易掉入他渴望的女人的情网。

他这样陷入爱情

在爱情来临时，由于害怕被拒绝，他一般不会非常主动地进攻。他会静静地观望，被动地等待。当决定出击时，他不会缺乏主动进攻的能力。他需要那种又亲密又互相依靠的关系，但由于腼腆、羞怯、间接的个性和为了自我保护，他不会有过于亲密的表现。在开始时，他不敢大胆、直爽地表达自己的感情，但是，一旦作出决定，他会拼命地追求你，会跨过很多浪漫、考验的过程直接向你求婚，好像他和别人竞争一样，直到最后大获全胜。但是，如果他第一次出击遭到了挫折，他就会立即撤退，不要期望他能够像白羊座那样勇猛地追击你。

他对你真诚的感情反应非常敏感，一旦你们陷入爱情，他就会全力以赴。抓住了爱情，他就会紧握不放。他是个懂得浪漫情调的男人，浪漫对他而言，比性更重要。但是，他的浪漫不同于白羊座和狮子座那种热烈燃烧的激情，也不同于天蝎座的血与火的洗礼。他具有大部分女人所渴望的温情，他有制造两个人美好情调的天分，如花前月下为你吟诗，烛光下含情脉脉地和你拉手。面对着鲜花、盛餐、礼物，你会感到自己已经被他的情感所淹没。他有特殊的本领让你知道，他像是对待一个女神那样对待你，但是，你也需要知道，你是属于他的财产的一部分。

他对于安全感的需要极其高，他极度敏感而易产生嫉妒。如果你不守妇道而激怒了他，你会看到他冷酷的一面，除非你有绝对的经济优势让他成为你的附属。他需要知道你每天的规律，你最好准时回家，如果你独自出去快乐，回家后就会经历一场悲剧，他不是生病就是更糟糕的事情出现，你会尝到强烈内疚的滋味。你也要明白，他不能有任何竞争对手，他绝不会在感情上处在第二位。

他不但浪漫，还有极其强烈的责任感，他懂得照顾你、关怀你、体贴你，嘘寒问暖、端茶送饭。他期望爱情是永久的，但是，建立家庭才是他的爱情的真正目的。由于对家庭的安全考虑及情感和金钱的牵制，他愿意有目的地进入婚姻，尽快开花结果。他期望你和他努力工作为未来的家庭提供保障，希望你感到他是必不可少的。他对家庭关系有着不可动摇的忠诚和奉献精神，是最理想的婚姻伴侣，他有强烈的责任感去保护、抚养下一代。他不但要和你结婚，而且希望尽快地成为父亲，然后，一个家庭形成，他的自然要求及感情就都得到了满足。他会扮演好丈夫和父亲的角色去保护他的家庭。你如果没有家庭责任感，不要和他深入进行下去，一个受了伤的巨蟹是不易愈合的。

他的性欲望

他腼腆、谨慎、温情、富于关怀，是个敏感、细腻的男人。通常，他不需要过于复杂多样的性生活，他的爱情与性是并存的、同步进行的。他有准确无误的感觉和直觉，在性的方面，他善于体会女人的感情需要，并且给予女人温柔的情感需求。不同于雄野的白羊座和狮子座，他不是那种喜欢用强力来征服女人的进攻型的人。

他不是个在性上喜欢创新求异的男人。他的内心、身体都要感到安全、舒适，才能够放松自己。他需要通过女人对他的轻轻抚摸来感受爱。浪漫的情景是点燃他的情欲的重要因素之一，他喜欢轻柔如同月光一样浪漫的情调。他的复杂性在于,他喜欢占领支配地位,但是他又是一个敏感、害怕被拒绝的人,你要考虑到他含蓄、委婉、不直来直去的性格,让他的神秘愿望得到满足。

他具有极大的幻想能力。他喜欢古典神话一样的浪漫,喜欢在性中扮演神话和历史名人的角色,你是嫦娥、他是后羿是他神秘的渴望。

他让你爱

他有着男人少有的温柔、善良、敏感和同情心,有强烈的直觉和洞察力,能够理解你的情绪变化,给你真情的关怀、照顾。他有责任心,能够为你奉献,并不顾一切地保护你。他可爱、温馨,他的情感像无尽的海洋,又深厚、又真诚、又浪漫。他是个热爱家庭生活的好男人,不但懂得送给你鲜花,更善于为你烹饪,能够给你一个安定、舒适、温暖的家。他比保姆还会照顾你,比你的母亲还会关爱你,与他在一起,从此你就有了照顾自己的贴心人。他是个持家过日子的好男人,他比你还懂得金钱的价值,知道如何精明地运用金钱,同时又能够对你慷慨大方。和他一起生活,你永远不会为了明天的生计而焦虑,你肯定不会破产,生活只会一天比一天更灿烂。

他让你恨

他的情绪变化无穷,当忧伤、悲观的情绪占领了上风时,他

就像个感情用事的女人。他对情感的需求就像一个永远填不满的黑洞，他对你占有欲望强烈，轻易就会产生嫉妒心，仿佛你是他的私有财产，你失去了独自活动的自由。

他用感情来操纵你，用关怀来让你感到内疚，用过度的保护来剥夺你的自由。明明是他没有气量、缺乏安全，他却说一切都是为了你，好像任何矛盾都是由于你造成的，他只是个无辜的牺牲者。他常常感情用事，不能够冷静地处理冲突，就像个没有理智的小孩子。

他过度敏感又胆小，动不动就疑神疑鬼地猜测你。他不直接地和你冲突，而是用让你摸不着头脑的情绪和弯弯绕的语言来映射、刺激、折磨你。他是个胆小的保护主义者，他对外出、旅游、和朋友一起活动也没有太大的热情。他恋家，怀念过去，也不喜欢你自由自在地活动，他为你提供了一个安全的鸟笼。

他对安全、金钱看得太重，以至于太斤斤计较。他气量小，会记得他为你做的每一件事情。

如果你想吸引他

他腼腆、被动，又高度敏感，为了掩盖自己内心的虚弱和情感，他通常表现得冷淡、漠然。接近他的第一步是要得到他的信任，你需要解除他锋利的蟹爪。你阳光灿烂、坦然大方的性格，会引起他的羡慕和敬仰。你要给予他欢乐的笑声，展现给他你对生活的热切渴望，对未来的满怀乐观，你充满了活力而毫无畏惧。你不要怕暴露自己，告诉他一点点你的小秘密。你还要表现得善解人意，别忘了他是个敏感的大螃蟹，他极其能够理解人类的身体语言,他能够理解轻轻地触摸包含的爱护,无意识地触摸他的硬壳,离别时大方的拥抱,都能够引起他内在的爱的渴望。

❧ 你穿什么?

如果你穿得过于性感、野性,会让他感到不安全。他十分有艺术品位,不喜欢不会修饰自己的女人。你要展现给他一种善良的女性形象,让他感到,你是个适合做他孩子的母亲的人。

❧ 在哪里约会?

首先,他喜欢家庭的温暖,家比豪华的饭店更让他感到舒适和安全。在家中你最好亲自准备晚餐,点燃蜡烛,伴随着轻柔动人的音乐,你就可以让他忘掉忧虑、恐惧和自我保护的习惯。

❧ 和他谈什么?

任何有关家庭的话题,从烹饪、买房子、装修到孩子、买东西、宠物,等等。不要忘记告诉他,你很爱母亲,也喜欢孩子。

如果你想与他长相守

❧ 这样做:

要让他感到安全、可靠,要准时回家,和他一起参加社会活动。

在他情绪忧伤时,给他温暖的拥抱和抚摸。

要认真对待他的烹饪技术,要欣赏、赞扬、享受他的烹饪。

把他家当成你的家。

接受他母性般的爱护,回报给他同样的关怀。

❧ 不要这样做:

不要批评他的家人,尤其不要对他的母亲有任何不良的看法。

不要不喜欢他的宠物。

不要说你不想要孩子或者你不喜欢孩子。

不要把厨房搞乱。

不要让他有被抛弃的疑心，不要单独出去活动。

如果你们分手

❧ 他想和你分手

他一般不会轻易抛弃你，但如果你不能够给他足够的感情滋润，就会造成他感情上的过度饥渴，这是他有可能离开你的关键。如果你不会生孩子、又不孝顺、不热爱他的母亲，他一定不会选择你。在婚姻中，如果他感到被爱得不够，他对爱的饥渴会让他到别处寻找平衡。但是，他不会轻易离开你，因为他对家庭的责任及眷恋，尤其是有孩子后，他更不会离开他温暖的小蟹窝。

❧ 你想和他分手

你要准备接受一场感情的风暴，你要小心他锋利的蟹爪，它或者抓住你不放，或者用它作为强有力的武器还击你的伤害。通常，他会用情感让你感到强烈的犯罪感、内疚感，这样关系就无法彻底断裂。如果你坚决不妥协，不要期望他能够理智地接受现实，你的离去就如同让他失去财产和安身之地，他会愤怒地咆哮，扔掉你们共有的东西。

你最好不要直截了当地和他谈判，而是缓慢地让关系冷淡下来。当他感觉不到你的温暖和爱护，他的情感田地发生了旱灾，他就感觉不到你存在的必要。或者可以间接地让他知道，你的祖上有遗传疾病，或你没有能力生孩子，你不愿意见他的家人，更不愿意见他的母亲。这样，你就可以等待着他缓慢地溜走。

调整你的期望值

他是一个让你知道家的温暖的男人，他不但能够给你浪漫、理解，还给你母亲般的关怀。如果你的自信和自尊让天蝎座男人磨得粉碎，你的浪漫情调被摩羯座男人冻结成冰山，多变的双子座让你失去对男人的信任，找到了他，你从此就找到了心灵理疗师。无论是情感、爱护、同情、责任、浪漫、忠诚、生存本领，他都有，你从此找到了你的孩子的好父亲，找到了你此生最好的生活伴侣。

但是，要得到这些，你自己必须是一个能够给予他情感支持的强大的女人。如果你得不到他的尊敬，他会比任何人都冷酷。和他在一起生活，你需要理解，他比你更需要情感和爱护，比你更加敏感。否则，他跌宕不稳的情绪，能够折磨断你的神经，使你感到面对的不是一个男人，而是多个面孔。他的很多幸福是建立在你和他的家园里，你必须学会把整个身心都安放在家里，要缩减你的自由活动。你还要知道，接纳他就要接纳他的家人。

谁最适合他

天蝎座、巨蟹座、双鱼座女人：

你们很容易沟通，不需要语言就理解对方的感情。感情、感觉是你们关系的基础，即使有矛盾，你们也知道如何用感情来化解，你们是很好的情人和伴侣。天蝎座需要理解他的脆弱，双鱼座需要理解他对安全的需要。

处女座女人：

你们都有相似的浪漫情调，你们还能够吃到一起，他不但能够满足你的实际生活的保障，还是个烹饪好手，你们是最可靠、稳定的夫妻关系。

处女座女人：

只要你不在意他的不稳定情绪，他会是你最好的搭档。你们是一对勤俭的夫妻，会为后代而勤奋工作。

天秤座女人：

你们来自不同的星球，但是，遥相回首、彼此羡慕，他喜欢你的淡然和理智，虽然真正走到一起需要彼此努力。但是，你们依然是能够生活的伴侣。

狮子座女人：

他从内心里崇拜你，他会含蓄地把所有的注意力都给你，你们的爱情和婚姻会充满了浪漫和冲突，但是情趣无穷。他是你孩子的好爸爸。

白羊座、双子座、射手座、水瓶座女人：

你们是完全不同的生灵，但是，谁也无法阻挡你们走到一起。你帮助他开阔眼界，他教会你理解情感，他能够为你守住一个家。和他在一起生活，你需要学会敏感。

摩羯座女人：

你们有共同寻求安全的需要，很快就能够融合在一起。你要克服你的冷静和控制的欲望，你会从他的身上学会关爱、体贴。你们是稳定的结合，是互补型伴侣。

英格丽如是说

　　那些让我们永远不能够忘怀的人，无论他们让我们欢乐还是让我们痛苦，都带着神秘的使命，来帮助我们成长。通过他们对我们心灵的触发，我们开始成熟，他们帮助我们变成自己应该成为的人，帮助我们认识自己，他们是我们完善自我人格的外界条件。无论如何，我们应该感谢那些对我们的生活造成了振荡的人。

理解你的狮子座男人

狮子座（7月23日—8月22日）

他是十二个星座中最有权力欲望、

最霸道、最雄性、最易于引人注目的"百兽之王"。

他是一个权力欲望很强的男人，满怀雄心大志。出人头地、登上社会阶层的顶峰是他的动力。即使在他还没有跨入权力阶层时，无论在餐桌上，还是在床上，他都表现得像个老板。他是个霸权主义的雄狮，常常被权力欲望折磨得忘记了人权和平等，对待你和别人就像对待自己的侍卫。但是，他自信坦荡，慷慨大方，热情乐观，无论他走到哪里，他都不自觉地成为中心。

他有非凡的领导风度，尤其是在大型的策划活动中，他宏观大略，场面越大越举止自如。如同他的前辈拿破仑一样，他雷厉风行、行事果断，他的自信、独断、霸道的作风使得他的决策没有人敢质疑，他总能够得到他所渴望的，总是能够从众人中脱颖而出。

他好大喜功，自我张扬，夸夸其谈。他肤浅、虚荣，太在乎自己在别人眼中的形象，以追求豪华、奢侈来炫耀自我，甚至会用那些社会名流和权贵人物来抬高自己。但是，你不得不承认，他的简单、直率、热忱却有让人无法拒绝的魅力。他总是身材挺拔、昂首挺胸，像一个骄傲的狮子王。他一出场，那昂贵的行头、皇室般优雅的步伐，以及每个毛孔都散发出来的强烈的男性魅力立刻抓住了你的感觉，你都不知道自己是如何被他感染的。他用勇猛的热情把渴望生活的火花种到了人们的心田。

他不能够承受孤独和忽视，他无时无刻不在寻求注意。因此，你总能够在各种集会、舞会、晚会、宴会上看到他的身影。他需要表演的舞台，因此，他常常不自觉地跳到领导的指挥台上，吆三喝四、指手画脚地支配别人。他不一定有深刻的思想，不一定有独到的见解，但是，这不妨碍他在大小会上不自觉地跳出来陈述几分钟前才道听途说的主张。他有惊人的吸纳能力和自我展示的本领，他常常把别人的辛勤变成自己的功劳，把你的思想变成他的杰作。但是，他却不会记得这是你的原创。

他以自我为中心，又自以为是。他缺乏敏感，只考虑自己，不考虑你。但是，他富有激情，是个充满了古典英雄主义的花花公子，带着中世纪油画般浓重的浪漫风情，用灿烂的阳光扫荡了你心底沉淀的忧伤。他激情万丈，心中无时不在呼唤着英雄史诗般的爱情。

他有不可侵犯的高傲和尊严，看起来是个雄性十足、充满了魅力的男人，但是心底里却是一个永远也长不大的孩子。他的需求像个填不满的无底洞，以至于他是那么地难以取悦。一点点的闲言碎语就可以伤害到他的心，一句话就可以让他电闪雷鸣。戏剧化的个性导致他走两个极端，他过度地信任别人，或者轻易就不信任别人。他情绪千变万化，但是他的心灵却很简单、真诚。

他强大，喜欢做一个力挽狂澜的英雄，这使得他容易吸引弱者。他简单、幼稚，常常容易被虚荣、奉承、迷惑和欺骗击中，在肉麻、虚伪的赞扬和吹捧声中，由衷地绽开幸福的笑容，因而一生中会多次自动跳进用心不良的猎人的陷阱。

很少有人像他那样长时间地积极、乐观、干劲十足，他的大脑好像是被太阳普照着，他的阳刚能量和饱满的生命力让鬼神都不敢接近他。但是，他也是一个骄傲的势利眼，他的眼睛瞄准的是社会名流。他是一个生活在别人的目光中的男人，如同动物园中一个让人们观赏的"百兽之王"。

他的一生是一场自编、自导、自演、走向上流社会的戏剧，凭着他大方的性格、洋溢的热情、超人的自信，他的戏剧人生终究会成功。

他的喜好

他的喜好和他的需要是一回事。地球上任何可给他的,他都喜欢。

他喜欢像太阳一样被众星围绕着,喜欢像阿波罗一样被颂扬,喜欢像明星一样被崇拜、热爱、簇拥着,喜欢所到之处都有他的观众。因此,他喜欢各种能够让他出尽风头的聚会。他喜欢权力和拥有权力的人物,他喜欢生活,喜欢坠入爱河,喜欢在鲜花、香水、香槟、烛光的情调中被女人热烈地簇拥、爱戴着。

他喜欢创造性的活动,喜欢艺术。他喜欢豪华的礼品、顶级的奢侈品、时装,喜欢华丽、耀眼的色彩。他喜欢高雅的、贵族的运动,喜欢网球、舞蹈,喜欢戏剧、表演,喜欢在高档的餐馆进餐。只要是与众不同、出人头地、能够哗众取宠的,他都喜欢。

他的基本需要

这是一个非常贪婪的 "兽王", 人世间所有的荣耀他都想要,强权、特权、金钱、物质、荣耀、地位、名望、成就、美女、后代都是他的需要。而且很多情况下,他几乎都能得到。

他永远需要观众,需要有聚光灯照耀的舞台,需要成为舞台上唯一引人注目的演员,他永远需要自己在别人眼中的完美形象。他个人英雄主义的情结,导致了他永远也填不满的需要。他需要爱情、浪漫、情人,所有神话故事中的情节,都是他无意识之中的需要。他需要被不断地关爱,不断地赞扬。

他的需要没有尽头，他的目标也没有终点。他唯一不需要的是一个人的孤独。

他的畏惧

他最害怕成为失败行列中的一员，他渴望生活得像一个凯旋的国王，他愿意淹没在掌声、灯光、胜利欢呼的浪潮中，而一个失败者却得不到这些荣耀。因此，他常常为了得到注意力和崇拜而天真地自我吹嘘。

他害怕他的尊严、权威受到挑战，如果你敢挑战他不可一世的、皇家般的尊严，你立刻就会知道锋利的狮爪的厉害，他的温暖立刻变成了冰川。

他需要安全，害怕和不安全的女人共同生活。他也害怕失去激荡他的情怀的浪漫。他并不像他表现的那么自信，而是生性嫉妒，害怕你不会再注意他，也害怕失去你的爱。

他渴望的女人

他需要的是那种让别人仰望的、出类拔萃的、富有魅力的女人，让他感到自豪、骄傲，能够陪衬他的伟大形象的"公主"。上流社会的背景能够立刻吸引他的注意力，如果你没有显赫的身份，那你就应该具备迷人的魅力、优雅的仪态、美丽的外表、特殊的权力。他渴望的女人要喜欢和他一起参加各种社交活动，并且懂得社交礼仪，举止必须像一个伯爵夫人，还要懂得在公开场合不要抢了他的镜头。

他具有强烈的征服欲望，他的眼光不会放在那些柔软、温顺、安全的"良家妇女"身上。他尤其喜欢那种不但让他在众人中出色，而且还能够仰望着他、用悦耳优美的语调夸耀他的女人。与这种女人陷入火山般的爱情，才是他最大的快乐。

他是一个霸道、专制、带着地地道道的"大男子主义"思想的男人，他要求女人不要干涉他的自由，还要不停地关注着他。他需要女人的献身精神，需要这个女人能够迅速进入婚姻状态，不但能够为他准备晚餐，还是他的"太子"的好母亲。他并不想和你分享家务，只想和你共享美好的时光。他是一个真正的"国王"，"只许州官放火，不许百姓点灯"是他的原则。他寻找的女人要既能满足他的需要，又要小心谨慎不要太多地占有他。如果你没有完全彻底的"利他主义"精神，你就不可能做他的"王后"。他需要女人极大的关注，需要女人能够不断地安抚他脆弱的自我及自尊。他渴望陶醉在女人的赞美声中，但是他并不想知道女人的要求是什么。

他有对女人的 "高尚品位"，女人不仅仅是他的爱人和伴侣，也是他的社会地位的标志。他不是那种轻易就被女人俘获的男人，如果他找到你，你就是他眼中让他骄傲的女人（或者他需要你的社会地位），你就是他理想的爱人，大多数情况下，他有能力留住你。

他这样陷入爱情

他极其自信，当他认为你值得获取时，他可不缺乏追求你的

勇气。几分钟之后，他就有可能请你约会。

在爱情中，他就像光芒四射、光辉灿烂的太阳。他会变得更加自豪、忠诚、热烈、慷慨，在激情的支配下，他是个能够完全投入的人，可以把一切都倾入感情之中，也能够为你奉献，甚至会为你决斗。当然，他也希望你能够如此地报答他。他以自己火热的方式爱护、支持你，也期望你能宠爱他，并让周围的人嫉妒他的幸福。他期望自己被看做你最特殊的唯一的选择，期待你能够崇拜他、需要他、依赖他、赞扬他，仿佛没有他，你的生命就失去了意义。这样他就会感到自己更加高贵。

他以自我为中心，在情感上缺乏敏感的天线，不善于理解、体会你的情感需要。由于他需要担任人生戏剧中的主角，往往过度地注重自己的需要，而可能忽视了你的情感，通常这是他爱情失败的重要原因。但是，当你理解了他脆弱的这一面，你就知道如何抚摸这个"顺毛驴"了。

有个狮子座的情人，你就永远不用再走进剧院的大门。他的爱情是疾风暴雨、电闪雷鸣般戏剧化的浪漫。他可能是十二星座中最需要婚姻的男人，步入婚姻是他人生中不可缺少的过程。他是一个繁忙的男主角，需要寻找一位能管理他舞台后场的伴侣。只要你能够让他感到你是一个值得投入终身的人，他就会迅速跨入婚姻的围城。他是一个能够支撑家业的、称职的大丈夫，在家里，他依然是个霸道的领导，也是一个好父亲。但当婚姻变得太乏味时，他是最有能力在外面寻欢作乐的。

他的性欲望

大部分情况下，他的爱情、性欲望是同一回事，性与他的激情同时迸发。他的性动力首先来自他永不能熄灭的爱情，他的性欲又能够被感官刺激的场面直接点燃，如果你懂得他戏剧般浪漫的需要，就知道如何拨动他的心弦。性爱是神话世界中一个壮丽、灿烂的场面，一旦他的激情燃烧起来，他就会忘情地、全心全意地投入其中。

他不仅仅是有豪华的卧室、蜡烛、柔软舒适的温床的浪漫王子，还是一个生活在荒野的"兽王"，无论在海滩、岩石、树林、荒郊，只要带着浪漫色彩的地方都能够引起他的疯狂。不要期望温存、脉脉含情的场面，他是一个带着原始印记的、凶悍强劲的雄性动物，他的性动力高昂、激烈，足以把你烧成灰烬。他霸道的支配欲望让他永远扮演着主角，无论是在餐桌上还是在床上，你依然处于服从的附属地位，只能做他要求你做的事情，不要自己擅自做主。

他总是需要你能够和他"高贵的品位"相匹配。作为他的爱人，你不得不考虑为昂贵的华丽内衣而投资。他是一个天生的演员，无论在哪里，他都需要你热烈的掌声。即使在床上，他也要感到他比别的男人更能让女人满意，他需要你赞赏他雄健的能力，需要你像崇拜太阳神一样敬仰他。

他需要的女人首先应该是他的爱人和性伙伴。一般来讲，他不是那种寻求多样化的男人。但是，他从一个女人的身上需要的东西太多太多，你要警惕，当他的各种愿望不能够得到满足，当没有激动人心的戏剧化情节，性诱惑的火光就开始熄灭，一切都失去了耀眼的光彩,他会感到乏味,性爱和爱情关系就开始降温了。如果开始他仅仅被你的外表魅力所吸引,你必须要不断地提高你的内在魅力,并且提升你的知识、成就和社会地位。

他让你爱

　　他最大的优势就是具有男性的强壮、尊严、激情和史诗神话般的浪漫。他性格热情、大方、慷慨,能够让你感到来自内心的温暖,能够给予你被太阳的光芒照耀下的乐观。他雄性十足,在当今女人们疾呼"找不到真正的男人"的时代,他一出现,那挺拔的身体所传送出的自信、热情、乐观的感染力,让你感到了男人充满阳刚之气的性感魅力。

　　他是一个优秀的、出类拔萃的情人,懂得浪漫和调情的艺术。他的雄性魅力让你迅速为他绽开爱情之花,他的浪漫激情让爱情的花朵更加茂盛。和他在一起,如同生活在一出浪漫的戏剧之中,你不会感到平淡,因为,顷刻间你就可以体验到四季,从风和日丽到疾风暴雨,从电闪雷鸣到春光明媚,从漫天雪花到秋风瑟瑟……他情感爆发时的狂飙让你感受到生命能量的光彩。这是一个令人难忘的情人,他能从思想上、心灵上、身体上完全彻底地将你捕获。当你们共同出现在社交场所时,他会表现出最佳的状态,他能够带给你一个女人需要的安全感,让你感到作为女人的幸福。

　　如果他真的爱你,他是一个能够让你依靠的男人,他能够百分之百地投入。如果你是一个让他感到值得付出的女人,他会挺身而出为你而战斗。如果你像对待一个国王一样对待他,他就能够让你感到自己是个皇后。

他让你恨

他以自我为中心，自私自利，只考虑到他的喜怒哀乐和需要，只会从自己的观点和利益出发看待问题，他的生活里只有一个原则，那就是以他的喜好、安排为原则。他不懂得宽宏、博大、柔韧的力量，缺乏客观的智慧。

他的性格霸道、跋扈，仿佛你就是他的奴仆和随从。他喜怒无常，有时表现得幼稚、傲慢、粗鲁。他的任何需要都应该立刻得到满足，而他却不会考虑到你也会有需求。

他貌似强大，内心却脆弱得像个嗷嗷待哺的婴儿。你必须不断地用赞美的语言安抚他，他就像个吸血鬼一样吸取你所有的注意力和能量。

他需要你，却没有太多的精力和时间给你，他只思考如何获得权势。他可以整个周末都在工作，但如果你仅仅一个晚上单独外出享乐，他都会责备你，感到自己像个被你遗弃的孩子。他喜好炫耀自己，对于自己并不了解的事情也要指手画脚，知道了一星半点就更要大吹大播。他自以为是，无论你需要与否，他都要为你出谋划策、指点江山。他骄傲自大，他总能找到你的不足，但是你却不能指出他的不足。

他只能够胜利，不能够承受挫折。他倔强、顽固不化，如同一个愚蠢、简单、可笑的孩子。他是一个简单的"顺毛驴"，不能够接受任何批评和相反的意见，缺乏辨别是非、险恶的标准，常常被别有用心的人的奉承所欺骗。

他贪图虚荣、追求权势，能轻而易举地被那些浮华和权势所俘获，权势比你更加重要。无论是在高雅的《天鹅湖》的剧场中，还是在热腾腾的亲昵中，他都能够冷酷地、毫不犹豫地丢下你，奔向让他倾慕的权势人物。他注重表面的浮华，如果你没有地位和外表，他可能没有兴趣去挖掘你的内在价值。

如果你想吸引他

打开他的大门的关键是要找到他的自我。他的注意力被那种他认为值得他注意的女人吸引，这种女人都要带着社会名利的光环。如果你是个社会名流，或者是上层社会人物的后代，你一出场，他就注意到你了。或者你告诉他你家原来姓"爱新觉罗"，还有亲戚姓"钮咕禄"，你不需要是个动人的美女，他就会高看你一眼。

如果这些你都没有，那就只有精心把自己设计成一个高贵的人物了。你需要看起来就引人注目，一下子就能赢得他的欣赏。

❧ 你穿什么？

你最好穿着看起来耀眼、价格不菲的服装，送给他一个高雅、迷人的微笑。

❧ 在哪里约会？

他是一个虚荣的动物，不喜欢贫寒，追求豪华，他需要炫耀自己，你最好在名流经常光顾的地方出现，五星级酒店的豪华咖啡厅、豪华的晚会、高档餐厅、品酒会、时尚展、顶级品牌商店等，他一下子就不敢小看你，还会努力地让你知道他经常出入这种地方。

❧ 和他谈什么？

他不需要你的思想，所以你不需要为缺乏话题而焦虑，他能很容易地被奉承、夸耀所击倒，因此，你和他的谈话只有一个话题——他的一切。你还要表现得像对一个国王那样对他感兴趣，问一系列有关他的问题，他的爱好、他在干什么等。最好你能够看起来被他的个人魅力弄得神魂颠倒，然后也别忘了含蓄地告诉他，你自己也有不少光彩的背景。

有关豪华消费的知识也很重要，你要懂得瑞士表、法国大餐和葡萄酒、意大利歌剧、皇宫的国宝。

如果你想与他长相守

❧ 这样做：

要像对待一个国王一样尊重他、赞扬他，每天都要告诉他，他有无法抗拒的魅力。

让他的任何需要都得到满足，把你的注意力都给予他，不要再尝试瞟一眼其他的男人。

在公众面前你要展示出你最精彩的一面，但是不要遮住他的光彩。

你必须要保持迷人的魅力，才能让他的激情燃烧不断。

你要有品位，并且懂得豪华的生活方式。

你要有电影情节一般的浪漫，既能够在烛光下默默地望着他，又能够在野地里与他疯狂地做爱。

❧ 不要这样做：

不要批评他、教育他（即使他错了），他的自以为是让他认为只有他自己才有批评人的权利。

不要表现得比他知道得还多。

不要给他过多的热心的建议，他会在一定程度上反对你的建议。

不要和他争吵、辩论，不要用语言伤害他的自尊。

不要做个碎嘴女人，不要唠唠叨叨地发牢骚。

不要穿着破旧不整、廉价的衣服，不要不注重自己的体形。

不要没有钱，不要像个苦行僧、守财奴，他喜欢与公主欢聚，不喜欢和灰姑娘一起受苦。

如果你们分手

❧ 他想和你分手

如果他想和你分手，由于他的自豪、骄傲，他难以直接向你启齿，有可能暗中慢慢退出，让关系冷却。当他向你提出保持友谊时，就表明他已经在远离你。通常，他不会突然离开你，他的目光可能渐渐转向别处。他非常有沾花惹草的能力，他的男性魅力能够让另一个女人给予他所期望的关注，从有不轨行为开始，最后他能够完全从爱河中走出。大多数情况下，他不会意识到自己是导致这一切的罪魁祸首，他会把一切责任都推给你，是你不能理解他的需求，是你没有意识到他的重要性。

❧ 你想和他分手

如果你要离开他，甚至仅仅是在吓唬他，他骄傲的自尊心首先会受到巨大的打击。但是，他高傲的尊严不允许他向你妥协。

通常，他非常善于记住你的所有缺点，他会让你知道，你是多么不值得任何人爱。他会迅速跨进另一段关系中，以掩盖他受到挫折的自尊，他会用另一个人的关怀来舔合他情感的创伤。

如果你真的想和他分手，最好不要伤害他脆弱的自尊。从缓慢的疏远开始，比坦率、真诚的摊牌更能够保护他的自尊。你最好开始不关爱自己，长上几斤肥肉，穿得破衣烂衫、邋邋遢遢，像个早衰的黄脸婆，对什么都失去了兴趣，他和你的联系就会越来越少。

调整你的期望值

这是十二星座中最寻求权力的座之一，因此，你很可能在成功男人的行列中发现他。只要你与他发生第一次接触，他就有能力撩动你的心弦。但是，你要知道这是一个唯我独尊的霸道的"荒野雄狮"，在他眼中，世界是围绕着他来旋转的。他是一个让你永生不忘的情人，能够用男人的强悍让你平静的心田燃起熊熊的烈火，用不可抗拒的魅力融化你情感世界沉没的冰川。

但是，得到了他，你就要完全放弃自我和独立。你要有自信和智慧才能够真正拥有他，你要不停地提升、改变、完善自己。你既要像崇拜一个伟大的男人一样对待他，又需要懂得他孩子般的自我；你既要强大，又要表现得如同小鸟一样的脆弱；他让你筋疲力尽，他需要你扮演他生活中的每一个女人——情人、爱人、母亲、姐妹、女儿、仆人。

如果你内心像个骄傲的公主，充满了支配欲望，享受男人给你的所有注意力和甜言蜜语，那么，他不适合你。因为他和你一样，他需要你在他耳边喃喃细语。

如果你追求民主、平等，又充满了事业的野心，你不想把珍贵的一生奉献给男人，那么，他不是你最好的选择。在他的世界里，只有一个生存的原则——这原则是由他来制定的，你只有遵从的选择。

谁最适合他

白羊座、射手座、狮子座女人：

你们都有火一样的热情，轻易就能走到一起。无论是情人还是丈夫，你们都知道如何相处。

双鱼座女人：

你们是两个浪漫的情种，一见钟情，但是，燃烧了激情之后，才发现彼此属于不同的物种。只要你忠诚，他是你可以依赖的丈夫和情人。

处女座、巨蟹座女人：

理解他的强大无比的自我，不要过于敏感、缺乏安全感，他就是你理想的丈夫。

双子座、天秤座女人：

你们的关系既是朋友又是情人，你懂得如何包纳他的粗暴和霸道。

摩羯座女人：

你们都是权力的寻求者，你和他之间先进行权力之争。和你交手，他幼稚得如同儿童。但是，他能够实现你的雄心和抱负，带着你走向高层，是你最好的事业伴侣。

天蝎座女人：

你们一见面就注意到了对方，彼此倾慕、尊敬、吸引，但是，骄傲的自尊是你们爱情的障碍，长期的支配权之战制造了你们所需要的戏剧生活。

水瓶座女人：

你和他应该是天生的一对，但是，不要用你的理性扑灭他的热情。

金牛座女人：

你们好像来自不同的星球，彼此有不同的语言。千万不要陷入争斗的僵局，因为，没有人来解救你们这两个倔强的动物。

理解你的处女座男人

处女座（8月23日—9月22日）

他是十二个星座中最寻求完美、最有条理、
最细腻、最精致、最能够为你服务的男人。

他具有高度发达的大脑和不可思议的理智，从来不让情感和本能的欲望淹没他的思维。他是个古典式的务实的男人，他的实用主义大于浪漫的情调。通常，他很少权欲熏心，多数情况下他不是个居心叵测的阴谋家，没有强烈的愿望出现在舞台聚光灯下，他也不热衷于在别人的称赞声中生活，他甚至热爱为别人的成功铺基垫路，在幕后为主角做具体事务。他是那么真诚地渴望工作和服务，作风朴实无华，兢兢业业，扎扎实实，是个可靠、忠诚的男人。

　　他是个强制型的勤奋者，他的生活严谨得像清教徒、苦行僧，他严格地自我约束、小心谨慎，几乎不敢越雷池一步。他理智、冷静、心灵手巧，但是他却现实得让你感到无趣、乏味。他谨慎、机械，以至于僵化得不近人情。

　　他为人温和、谦虚、腼腆，甚至有些羞怯。他善于关心别人，每当别人需要帮助时，他都会热心地为别人提供服务。他具有高度的责任心，能够为工作牺牲个人的睡眠、休息。他尊重法律和道德，忠诚、可靠、稳定，只要他经手的事情，你尽可以高枕无忧地等待好消息，因为他天生就是神经高度紧张的多思多虑之人，他害怕不完美的细节会毁坏他精心付出的劳动，所以他也会紧张得神经兮兮、事必躬亲。

　　他如此精细地追求完美，而他的完美标准高不可及，使得他内心又缺乏自信，这让他要不断地证明自己被需要。他内心被达不到完美的恐惧所笼罩，寻求完美的倾向让他不知疲劳地永远奔忙，只有用勤奋工作来摆脱缺乏安全感的折磨，因此，他成了一个地地道道的工作狂。他爱工作超过了爱人，他"白日忙得无法做白日梦，晚上累得无法看星星"。他虽然渴望物质回报，但是，他的动机更在于证明自己被需要。因此，你常常为他惋惜，他的动机、勤奋和努力应该让他得到更多。

他是人间完美的作品,他太在乎自己在别人眼中的形象,太遵守一切条理和章程,他的生活太有规律以至于标准得让人感到无聊,他太完美以至于缺乏无组织、无纪律的调皮和潇洒。他太爱操心,这让他神经兮兮,大惊小怪。他太精细,以至于他掉到细节里"只见树木,不见森林"。寻求完美的习惯让他有那么多对于整齐、条理、卫生等的顽固的要求,精细的、扫描仪一样的眼睛总能让他发现不完美的瑕疵,你衣领上不显眼的污点,你的口红没有完美地对称,你有两天没有洗头,任何不起眼的小节都会出现在他的扫描观察之中。

这让他对于任何人都不能够满意。因此,他成为了一个天生的批评家,挑剔多于赞扬。他太需要安全和保障,太谨慎、稳重、清醒,以至于妖精一样的美女都很难让他迷惑而坠入爱河。

他太安全、太可靠,太能够给予一个女人渴望的保障,你不得不承认他是坏男人堆里难以寻找到的好男人。但是,他完美得让人感到乏味!

他的喜好

他喜欢工作,喜欢学习,尤其喜欢有关身体健康的知识,喜欢为你服务,喜欢在有序的环境下和你交谈,喜欢列出清单,喜欢精致的服装、个人用品,喜欢整理个人的环境、保持个人的外表整齐无瑕,喜欢含蓄、清淡的色彩和布料。他还喜欢小动物,喜欢检查细节。他喜欢批评人,以便让人达到他要求的目标。

他不喜欢疯狂的浪漫,那样他会感到不安全。他不喜欢噪音和喧闹，不喜欢粗鲁、无礼、自以为是的人，不喜欢任何不整洁的环境，不喜欢没有计划的时间表，不喜欢东西不归放原处，不喜欢刺眼、华丽的东西，不喜欢承认自己的失败和错误（他永远有理）。

他的基本需要

他需要秩序、条理、规律。这也是他自身的健康所需，没有有序的环境，他会比以往更焦虑。对他来说，整洁的家庭环境，有序的个人书桌，有条理的档案，比伟大的爱情更为重要。他需要感到能够支配和控制，这使他感到生活有序、有保障，安全、有保障的条件使他能迅速地进行思维。他还需要用理智来压制感情，需要一个完美的社会形象，需要工作以排除他的恐惧。

他是个苦行僧，不要求豪华和奢侈，只要能够满足基本生存，他就没有太多的个人需求。

他的畏惧

他害怕杂乱无章、混沌无序的状态。因此，他不但自我约束、遵纪守法，也希望别人能够像他一样遵守秩序和制度。

他害怕任何意义上的失败，尤其是工作中的失败会使他在外人眼中看来如此愚蠢。他还畏惧强烈的情感。感情对他而言，总是一种危险的、不稳定的、痛苦的因素，他抑制感情，压抑自己，内在的焦虑使得他远离浪漫和情感。

他畏惧冲突，因为冲突会带来不理性的情绪，他会理智地回避，以保持事情不会出现无序的混乱状态。

他渴望的女人

他寻找一个近乎完美的女人，一个使他感到安全可靠，而且不会降低他的社会形象的女人。他是个被高度理智主宰的男人，难以被浪漫、情感、虚幻、美丽、性感和华而不实的表象所迷惑，他的理智告诉他，女人的内在实力——头脑、智商、知识结构和性格魅力比毫无挑剔的外表更重要。

由于他很在乎别人的看法，他还极其看重女人的尊严、仪态、自信心和名声，无知、愚昧、情绪泛滥、不能自控、缺乏品位、没有责任感、虚弱的女人只会使他反感。他的自我中心欲望并不强盛，他渴望一个自尊、自立、自信、充满了活力、有高度智力、让他抬首仰望甚至让他崇拜的女人，这个女人应该在思维上能给他激励。

他的完美主义让他实在是太挑剔了！他的目光太精细，看得到你的每个细节，即使天上下凡的女神也可能让他挑出毛病来，这使他几乎无法找到完美的心上人。最终，他会从现实出发，理智地选择最合适的伴侣。他会与那种让他感到愉快的、安全可靠、在其他方面接近他的标准的女人结为伴侣。在他与她共同生活的岁月里，他会用他完美的理想标准尽力提高、改进这个女人。

他不希望女人对于感情有过高的需求。他更喜欢那种能与他理智、平静地探讨问题，与他愉快相处的女人。他需要女人能够像他一样自愿奉献,能够对自己照顾周到,需要女人不断地肯定对他的感情,还要能够维持他的整洁标准。

由于他不轻易放松、降低自己的要求,在他找到你之前,他可能会等待多年。

他这样陷入爱情

除非他的其他座或星体位置中有极强的狮子座、天秤座、双鱼座和海王星的影响,否则他不是那种浪漫风流之人,他难以狂风般地堕入爱河,强烈的感情冲动会使他极不舒适。不要渴望他能够疯狂地追求你,通常,他腼腆、怯懦,你可能要先发出信息。

他不善于也不喜欢从身体、动作上表达自己的感情,也不习惯别人过于亲密的举动。他非常在意自己的公众形象,不喜欢自己的浪漫和私事被公布于众,在公共场合,他和你最好不要有过于亲昵的举动。

他经常会和你进行理性的讨论,谈论一些健康卫生等知识类的和自我提高方面的话题,而不是把时间花在谈情说爱上。他珍惜时间,在爱情上也寻求高效率。他只要满足他的生存需要,不喜欢浪费和炫耀。他不会经常和你在豪华的餐厅里、缠绵的音乐中精心进餐,他可能会迅速地在快餐店塞饱肚子,以便做一些有意义的事情。他更倾向于为你选择那些给你的工作和生活带来方便的礼品,而不是那些华丽、无用的昂贵外饰。

他非常注重个人饮食的健康和卫生,会提醒你注意不良的生活习性。如果他看见你腹部增大,他会让你知道,他已经注意到了。保持体形是你们爱情的一个重要的内容,要坚持锻炼。

大部分情况下，无论他的内心如何变化，他也不是个花花公子。因此，一对一的单一关系是他的优点。他不是要拼命地占有你才感到安全的男人，而是要感到你安全才去和你发展的男人。尽管他会掩饰，但他有强烈的嫉妒心，你与别人哪怕小小的调情都会使他对你迅速降温。如果你让他感到要与人搏斗才能得到你，他会冷静地退出，他宁愿选择去读一本书。

他缺乏足够的内在自信，他要处在支配控制地位才感到安全。他需要让你感到他有用，需要你承认他的能力，认识到他的价值。他总能不断地找出那些别人看来微不足道的小错来指正你。同时，他又很难接受批评，他的自我不会轻易地被小事挫伤。

当面对冲突时，如果你能理智地与他探讨处理感情的纠纷，你就总能把他留住。运用非理智的情绪来操纵、逼迫他几乎是不可能的事情，尤其是大吵大闹，他会给你冷酷的一瞥，他会让你知道，不但他不爱你，而且你是如此地无价值，恐怕没有人会来爱你了。他会使你感到，你不是他生活中最重要的一部分。或许真是这样，因为你永远不能像他的工作一样带给他安全和保障。

他的爱情朴实无华，是婚姻的好伴侣。

他的性欲望

尽管在情感上他是那样地拘束、僵硬、冷淡，像是一个严厉家教下的牺牲品，但是在性的方面，他同样离不开男人动物般的本能需要。当然，他比别的男人更加实际，他会有效地把本能、思维和身体需要融为一体。

他不是那种把种子洒向四方、风流潇洒的花花公子，他需要与他尊敬的、让他感到自信的女人共同享受性与爱的结合。通常，他腼腆、拘谨，是一个遵守法则、能够自我约束的男人，他的动物欲望很难强烈到让他奋不顾身地追求女人。他会稳步地进入性的阶段，而不是一见钟情就采取行动的男人。

他之所以不是花花公子，来自于他对于性和爱真诚的渴望，也来自于他对卫生、健康和安全的苛刻要求。因此，他寻找的不是一夜之欢，他更加珍惜长久的关系。通常，在他年轻时，他的性欲望受到了他的符号——纯净、清洁、无瑕的处女的影响，他不会倾向于泛滥地放纵自己的情欲，他的性欲望被他冷静的理智压制着。但是，这并不意味着处女座就会像处女一样恪守清规。他会有效地通过学习、研究有关性的知识来提高自己，这也是处女座所象征的意义之一——提高自我。因此，他的性受到了理性的熏陶，他显然很有性知识并且懂得性的技巧，不仅仅依靠自己的本能和冲动，而是更加注重理论和实践相结合。

他不是个粗鲁、霸道的男人，他可能是十二星座中最精致、最细腻的男人了。他不倾向于追求那种超现实的幻想、放纵、浪荡，即使在性爱的过程中，他的清洁、整洁的要求也不会由于头脑发热而消失，任何不卫生的小节都会影响到他欲望的神经，因此，看起来整洁、闻起来愉悦的人和环境对他非常重要。他永远不会失去自己的理智，你的任何反应都会引起他认真、仔细的评判和分析。

他非常懂得欲望需要节制，你也要理解他。他不会让性影响他的工作，大清早不是他的欲望时刻；喝酒以后，他感到迷糊时也不是个好时候；下班之后，他太疲劳……他很能够关心你、考虑到你的感受和需要，他不是个自私地只想发泄自己性欲的男人。

他让你爱

你可以庆幸自己如此幸运，找到了世界上最安全可靠、理智、聪明、善良、有责任感的心上人，在经历了浪漫的梦幻之后，心衰力竭、筋疲力尽之时，你可以安心地放松自己，他会担负起生活中的责任，使你从此不再感到动荡、忧虑。

他善于处理任何日常事务，能完全解除你的后顾之忧。他非常温和、和蔼可亲，会实实在在地解决你现实生活中的具体问题。凡是你想不到的、不知道如何去做的，他都会替你想到、做到。在你需要帮助时，就能看出他的优秀品质。他是那种懂得如何关心你、爱护你、帮助你的男人，在你无助地卧倒在病床上时，他能够紧握你的双手，尽心尽力、忘我地精心护理你。尽管他不会用热烈的情怀打动你，也没有感天动地的语言表达，但是，他的行动比语言更有说服力。

他生活严谨、忠诚可靠，不飞扬跋扈，不是个霸道的、充满了支配欲望的大男子主义者。他守信用，交给他的事情，他都会完美、及时地完成。他善于管理财政，认真仔细，考虑周到，不是那种把最后20元钱花在星巴克咖啡店里的人，他会为你设计出最佳的用途。他会对你负责任，不是风流浪荡的花花公子。

他可能会被你的美丽身段吸引，但他可能更欣赏你大脑里的东西。他知道如何欣赏女人的思想，他会接受你独特的个性、独立的自我。

他让你恨

他像个中学的校监，严肃，认真，有条不紊，难以接近。他自我束缚，拘谨、腼腆，以至于让人感到呆板、乏味。他对人要求过高，常常放大他人的缺点，无论你怎么做，他都能够找出你的毛病，挑三捡四、吹毛求疵，对清洁、秩序、纪律都有严格的要求。他自己生活得像个苦行僧，勤俭、节约，小心翼翼，缺乏潇洒生活的勇气，也以此来要求你。

他死心眼、心胸小，他能对别人的看法、条件视而不见，目光狭窄得只看到自己的观点。他记得住所有的琐碎之事，一点小事就斤斤计较。

他不但自己不表达内心的感情，还压抑你的激情。他理智得让人感到冷酷无情，遥远得不可交流，无论你们有什么冲突，他都会傲慢地与你争执，几乎不被女人的感情打动。

他缺乏勇气和自发性，显得乏味、怯懦、有局限性。他太在乎外人的看法，以至于他会迎合权势，满足他脆弱的自我形象需要。他的表现让你知道，比你更重要的是他在工作中的业绩。当你的需要与他的工作冲突时，他总会选择自己的工作，因为优秀的业绩会加强他在外界的形象。

他完美无缺地安排生活中的一切，都不需要你的帮助，他让你感到内疚。

如果你想吸引他

他不是那种思想解放、追求自由、开放的人，他喜欢能干、自信、健康、能够独立的女人。因此，健康、自信、不缺乏安全感的女人会先引起他的注意。他追求严肃的、自我提高等实践性的知识，你应该展示出自己有完好的人生哲学，还要看起来能干、自信。

他腼腆、自我束缚，严肃又缺乏自信，他害怕你的拒绝，因此，你最好勇敢地迈出第一步。

❧ 你穿什么？

他不是那种热情奔放、寻求刺激的人，你最好穿戴整洁、有品位，不要花里胡哨地把自己打扮得袒胸露背、性感诱人。你要展示出大家闺秀的风范，你的举动要表现出高尚的教养。

他喜欢那种身体健康、清秀、大众喜欢的形象。所以，你要保持身材适中，过胖、过瘦都会引起他的挑剔。

❧ 在哪里约会？

绿色食品餐厅、素食餐馆、园林等健康的地方。

❧ 和他谈什么？

他喜欢理性的话题，不需要你把注意力都放在他的身上。他的大脑灵敏、聪慧，你要有足够的知识应付他的任何话题，你应沿着他建议的话题走。

健康、节食、绿色食品的知识更会引起他的兴趣。你的知识越丰富，他就越尊重你，越发被你吸引。你最好能够从历史到管理，从时尚到宗教，都略知道一些。

如果你想与他长相守

这样做：

你要永远让他感到你在感情上可靠、有保障。

要有耐心，要有控制情绪的能力。

要有让他摸得到的规律，办事要有计划、有条理。

要让物归原处，不要乱动他的东西。

关心他的饮食和健康。

保持房间整齐，尤其要保持个人清洁卫生。

要学会各种公共场合的礼仪，尤其是餐桌上的礼仪。

你一定要保持体形，不要超重，坚持锻炼。

不要这样做：

不要不清理房间。

不要在公共场合与他过于亲密。

不要在公共场合显得过于引人注目。

不要做个马大哈式的女人。

不要大发雷霆、吼叫、狂喊，也不用疯狂地表露感情。

不要把个人情感的事宣扬到外面。

如果你们分手

他想和你分手

他又实际、又敏感，一旦他认定这段关系已经破坏了他的自我形象，他的忍耐限度达到极限，他会主动地迅速结束关系。他常常不能够忍受女人过于强烈的情感占有欲望和混乱、无规律的生活而冷静地离去。他是个诚实的人,大部分情况下,他不会像很多坏男人一样悄无声息地消失,他会冷静、理智、诚实地阐明自己离去的理由。他不是一个能够用感情打动的人,所以,分手前的恳求、眼泪、保证或者粗暴的行为都不能使他改变决定。

🎗️ 你想和他分手

这时你就会看到和他陷入爱情的另一个好处。他是个有理智、讲理的男人,只要你讲明白你们要分手,他不会死死抓住已经死亡的爱情和婚姻,也不会充满了仇恨和报复的欲望,他能够冷静地接受现实,不会让没有希望的感情突破他理智的防线。

你应该像他一样坦诚,他需要知道失败的真正理由。但是,他缺乏自信,又非常在意自己的内在形象,所以不要伤害他脆弱的自尊。最好让他知道,他是你见过的最地道、最正直的人,但是,你们之间的化学反应已经过去,你失去了以往的激情,你希望他能够找到适合他的人。

他是一个让你挑不出什么问题的男人,他自我要求严格,能够调整、把握自己,在被你抛弃的时刻还能够自己咽下所有的委屈。他会努力地把过去的历史很快置之脑后,重新开始生活。但是,你需要面对的是自己的内疚感。

调整你的期望值

他真是踏破铁鞋无处寻的、千载难逢的好男人。他安全可靠,懂得照顾女人,能够为你服务,不粗野、霸道,勤奋努力,又爱

学习、爱思考,会不停地提高和完善自己。他是个文明的绅士,是个有品位的精致的男人。如果你寻求安全、稳定、平淡的生活,他是你最好的选择。他能安排你的生活,处理你的账单,关心你的饮食起居。你可以安心地睡觉,连噩梦都不来找你。

但是,所有的这些需要你付出的是浪漫的代价!他不是个浪漫的人,难以疯狂地坠入爱河,也不是那种风趣、幽默、轻松、让你开怀大笑的男人,如果你寻找激情荡漾、刺激兴奋、着魔、高烧般的浪漫,他可不是最佳人选。他的智慧在于他天生就懂得生活、婚姻本来就不是虚幻,因此,他根本不去做梦,也不会从噩梦中惊醒,更不需要体验美梦,他就是个实实在在地在地球上生活的男人。

不要以为找到了他,你就可以真正地松口气。他会努力改造你,只有满足了他需要的标准,你才找到了可以永久相依偎的男人。

谁最适合他

金牛座、摩羯座、处女座女人:

他能够给你们安全和保障,是最合适的婚姻伴侣。摩羯座,不要期望他像你一样雄心勃勃,不要试图支配他、控制他,你们的共同之处是都希望控制对方。金牛座,他比你勤快,是个苦行僧,你不要期望他像你一样地追求享受。

白羊座、射手座女人:

你可能认为他太乏味,你有多少热情也难以让他失去理智。但是,他是个实干家,他能够实现你的新思想。通常,他是你极好的商业伙伴。

狮子座女人：

虽然你们是不同的物种，但是，你们常常莫名其妙地结合了。实际上，他暗自崇拜你，他会让你感到你处在支配地位。

双鱼座、巨蟹座女人：

他和你水土相融，能够非常融洽地相处。如果不向他要求过多的浪漫和感情，他会是你的长期伴侣。

天蝎座女人：

不要试图操纵他，他还希望能够控制你。不要用你强大的感情淹没他，如果你能够理解他的理智和冷静，你们就可以和睦相处。

双子座、水瓶座、天秤座女人：

你们都有发达的大脑，都有冷淡、理智的个性，至少在思维上，他不会让你乏味。冷静和理智或许会让你和他走入婚姻。他能够带给你现实生活的智慧，但是，你的自由天性和不稳定会给他带来担忧。

英格丽如是说

　　婚姻必须是一种理性的选择,而不是激情的结果。爱情很容易点燃——和你不同的事物很容易擦出火花。但婚姻却需要更实际的内容。它是一种伴侣关系,是非常现实的。婚姻必须要"做你自己",对自己百分百的真实,对对方也应真实。对个人的丝毫的不真实都不可能在婚姻中蒙混过去。

理解你的天秤座男人
天秤座（9月23日—10月22日）

他是十二个星座中最高雅、最文明、最公平、
最有品位、最浪漫的风流的花花公子。

他相当的迷人，他的外观总是平静、松弛、淡然、祥和，他的衣着和谈吐一样高雅，风度翩翩、文质彬彬，是上帝造就的真正的绅士。他为人友善，是天生的外交官，多数情况下他带着一张恰到好处、人见人爱的笑脸。他优雅得体的风度，让女人怦然心动。

他是个不可救药的"唯美主义者"，无论是在性格上、人际关系上，还是在生活质量上，他都喜欢美丽的事物，他用美丽的方式思维、甜美的言辞表达，他的一切就像是一块最舒心的巧克力。在人际关系上，他有绝妙的能力平衡各方面的关系，说他是"八面玲珑，九面光滑"、"圆滑"、"狡猾"一点儿也不过分。

他是一个理智和感情的有趣的结合物，但是，他的情感只为美丽而产生。他的思想丰实，但又与感情冲突，尽管他终身都为感情困惑，但是他总能作出明智的选择。他是一个上帝造就的浪漫风情的种子，美貌轻易就使他雄性的心弦颤动，他的目光不忠诚地在美丽的女人中跳跃。丑陋使他心烦意乱，粗野和低俗的行为能把他吓跑。他因此变得非常肤浅，只注重外观的美丽而忽视内在的实质。他知道愤怒能够让他看起来丑陋不堪，因此，他常常用逃跑、妥协的方式化解冲突。

他和谐、客观、公正，不偏不倚，但由于过于追求公正、和谐，常常使自己陷入对事物的无休止的平衡之中。他就像一个永远摇摆不定的天平，不停地对各种因素、各种条件进行前后分析、左右平衡、好坏比较，因而他越发难以找到一个完美、公正的结果，这让他优柔寡断，当面对重大决定时，他会陷入过多的思虑而举棋不定。他甚至不断地改变主意以求平衡，因此，他常常朝三暮四，变幻不定。他的内心实在是太不像他的表面那样平衡、完美，他的思绪、情绪变化万千，就像风儿不断吹拂着一片平静的水面。

他没有强大的自我，不是个自私自利的男人，总能够为他人考虑。但是，他不是个坚定不移的人，这让他极不可靠。为了维持和谐的关系，他没有勇气对别人说"不"，他保证的多，承诺的少；需要他发表见解的时候，为了取悦别人，他会违心地点头称是。他"黑白混淆"、"是非不分"、"没有立场"，是一个不折不扣的中庸之徒，是个"yesman"（好好先生）。并不是他不知道是与非，而是他在一片模糊之中，才能够发现和谐的美。

他是个受人欢迎的交际之星。你常常能在社交场合一眼就发现他，他一副现代绅士的派头，总是那么精心地修饰自己，服装搭配得合理、得体，举止和言谈也都温文尔雅。他有独到的艺术品位，对于生活有着极高的要求，无论音乐、色彩、文学、艺术作品及食品，他都略知一二，但是他又并非刻意展示自己。他太有人缘，太懂得如何安抚人心，尽管他是个声名狼藉的"花花公子"，你却没有办法不喜欢他。

他的喜好

他热爱美丽与和谐，喜欢诗情画意般的浪漫，他轻易就做了美妙、迷人的女郎的俘虏。他喜爱感官享受，喜欢高雅、轻快的氛围，花前月下伴随着迷人的音乐、醉人的美酒、迷幻的香味，就是他的天堂。

他喜欢送给你生日卡，喜欢和你有一场公平、有趣的争论，喜欢被你崇拜、宠爱，喜欢各种社交活动，喜欢帮助别人，喜欢高雅、精致的服装，喜欢不耀眼、和谐、含蓄的色彩。

他不喜欢大声地争论，不喜欢衣着不整、没有品位的人，不喜欢简陋、不美的环境，不喜欢被人逼迫作决定，不喜欢让他感到糊涂、困惑的事情。

他的基本需要

他是十二星座中最需要社会、群体的社交动物，他永远需要与人在一起，不论是什么样的人，只要他或她能够让他忘记孤独。

他需要来自美丽的力量，他最需要的首先是让他耳目愉悦的美丽女人。他需要美丽、优雅、平等、有智慧的伴侣给予他各方面的和谐，美丽的女人是他生存的基本需要，更能使他健康地成长。我们很难发现一个独自一人享受孤独的天秤。

他还需要和谐、温馨、安全、愉快，能让他平静、平衡思维的环境，不和谐的环境和人都能够使他窒息。

他的畏惧

尽管他表面祥和、清淡，但是他的内心常常感到孤独不安。他最害怕孤独感的袭击，因此，他忙碌不停地穿梭于人群之间。他害怕找不到梦中理想的情人，害怕他会孤独地过单身生活。即使在爱情关系中，他也害怕被心爱的人背叛、遗弃。因此，他努力制造和谐，满足爱人的需要，让所爱的人愉快。他最怕被遗弃和被心爱的人背叛，但是，他却常常背叛对方。

他害怕强烈的冲突，因此，他常常宁肯妥协，或者违心地承诺，也不愿意发生冲突和矛盾。他害怕任何意义的不和谐，因此，他像个和事佬、谈判官一样为了各方面的和睦而努力。

他渴望的女人

他是个不可救药的美丽女人的囚徒，眼睛离不开美丽动人的女人，轻易就会被美貌俘虏。他并不需要多种多样不同的女人，那样会让他难以平衡复杂的关系，会耗尽他的生命。

因此，尽管他与双子、水瓶座一样同属于气元素座，他对于女人的第一条件却不是智慧、思想、个性、独立、才华等等，他首先需要满足他对于感官享受的追求。他像中了毒瘾一样追求美丽，赏心悦目的美貌、动人心弦的身段，是他最基本的渴望。

他很有艺术品位，仅仅有天生的美貌，还不能够完全达到他的标准，他最欣赏的是那种知道如何让自己最美的漂亮女人。他自己就是十二星座中最有品位的男人，那些懂得穿着的风格和色彩的搭配、举止优雅、言谈得体、有智慧的女人，最能够吸引他的注意力。这并不是因为他挑剔，只是他渴望浪漫风情、完美无瑕的爱情，而只有美丽的女人和高雅的风情才能激起他强烈的本能反应。

他不能够忍受任何不美丽和不和谐的东西，丑恶使他心烦意乱，任何粗野、低俗、不文明的行为都能够把他吓跑。他自己禀性祥和，轻易不会发脾气，更不会让愤怒倾泄。因此，无论一个女人多美丽，只要他看到她发脾气，他就会吓得远离她。

他在肉体上充满了激情，喜欢用身体接触表达自己的感情。

他把性看得和爱情一样重要，渴望能够在女人身上寻找情感和感觉的完美结合。因此，任何一个女人如果理智和情感的要求多于肉体感官，就无法与他和谐相处。

他这样陷入爱情

"为爱情而落入情网"是他最喜爱的事业，但陷在爱情中可能会耗尽他的能量。他是个爱情天才，他热爱的是那种祥和的、温情的玫瑰般的浪漫，如果说狮子座的爱情是电闪雷鸣、暴风骤雨般的戏剧，他的爱情就是国画般的诗情画意，淡雅、美妙的风花雪月。

他善于制造你只在书上、电影上看到的浪漫，明净的月下，微微的烛光，诱人的音乐，陶醉的美酒，迷幻的香味，他轻轻地和你品味着如诗歌般的氛围，描绘着完美爱人的梦。他会使你很快坠入情网，还会不时地送给你鲜花，并记得庆祝所有与你相关的日子。

他很能够在爱情中放纵自己，有美人相伴就会忘却时间。他天生就知道如何与女人保持愉快的关系，总能够替你考虑，你都无法找到和他冲突的理由。他认为关系中的不愉快和冲突应该用平静的交流来解决，暴跳如雷的行为会破坏他的和谐，折断他的神经，但这并不意味着他不会这么做，只是你若这么做会使他感到失去了平衡。

他极其随和，能够改变自己满足你的需要。他会让自己适应你的爱好，变成你的朋友的朋友，还会选择你的信仰，吃你喜欢的食品，穿你喜欢的衣着。但是，所有的这一切都要你付出代价，他在感情上依赖于你，不能够承受片刻的孤独，他是臭名昭著的、绝望地需要伴侣的男人。他期望和你度过每一个浪漫的晚上，你出去一个晚上见老同学，他就会感到被遗弃了。他也给你他所有的注意力，会照顾你的自尊，又考虑到你的生活。他有礼貌、有教养，从不会在大庭广众之下让你难堪，或发泄不满。

他不喜欢你在大庭广众之下出风头、突出自己，他期望你能够像他对你那样地关心和支持他。他性情温和、平稳，通常不能够承受爱情中大起大落的浪潮，如果你的感情过于强烈，他就会畏惧。暴风骤雨般的爱情，会让他像是风浪中飘摇不定的小船。

他是会为了美貌而不忠诚的男人，如果有一天你发现他的品位发生了变化，你要小心！

他的性欲望

在性的方面，他不缺乏激情，而且天生就知道如何优雅地用身体来表达对女人的欣赏。他把性看得和爱情一样重要，他的爱情又伴随着美丽而生。

他把性看成是一种艺术的活动。被金星主宰的天秤座男人和金牛座一样追求感官上的愉悦和享受。通常，浪漫的他会营造温馨的气氛，柔情的音乐、迷人的香薰、舒适的温度、柔和的灯光、和谐的色彩等等都要恰如其分，这听起来是一件绝妙的事情，但是，它需要大量的准备工作。他会为了一点点的激情而不惜构筑一个巨大的工程。

他不是那种只在肉体上粗暴地释放自己的野性欲望的、以自我为中心的男人，他喜欢有情调的、温柔美妙的浪漫过程。他能够满足女人做爱的前期准备,他会和你交流,用甜言蜜语挑逗你的激情,他会为了他一点点的欲望付出极大的努力,让你的肉体产生最大的激情。他不会忘记保持他良好的绅士风度,会非常考虑女人的需要和感受,很多时候,他会把你的需要放在第一位而忽视了自己。

他太需要美好的情调和和谐的环境,大部分情况下,他不是那种能够在野地、海边、后车座上做爱的人,那样会破坏了他的衣饰、发型。通常,他也不会在大清早进行性活动。他一起床就会收拾自己,为的是上班时看起来衣冠整齐。他不是那种即兴的随时随地都不控制自己欲望的人,他的性是艺术活动和爱的结合物,这个活动需要准备和安排,随机、即兴、冲动的女人应该理解他的性品位。

他让你爱

他风度翩翩,文质彬彬,举止优雅,行为无可挑剔。他让你幸运地发现了上帝派来的白马王子。他是最有情调的浪漫公子,仿佛从你的梦中走来,把你带到了童话中的爱情里。他像个诗人一样表达他的激情,送你红玫瑰,为你咏诗,为你歌唱,和你漫步在月下共饮香槟……你能够想象得到的浪漫,他都会主动地让你实现。

他是一个真正的优雅的绅士,客观、平衡、理智、不自私自利,即使与他发生矛盾和冲突,他也会从你的角度来考虑问题。他能够平衡各种复杂的关系,保持与每个人的友谊。在外面,他友好、从容,能够与任何人交流,他的笑脸和个性能迷倒每一个见到他的人。他懂得照顾别人的自尊,尤其在社交场合他言辞优美,恰如其分地赞美别人,能够让每个人都不由自主地喜欢他。在家里,他不霸道,不是个大男子主义者,他民主、公正,会帮助你做家务,替你分担忧愁,他非常地理解你、关心体贴你。他不限制你的社会活动、你的私人生活,很快就成为你的朋友的朋友。

他思维敏捷,为人友好、聪明、仔细,有品位又有艺术创造力,无论着装还是家具,他都懂得如何最好地搭配。他会帮助你创造一个优雅、和谐、有艺术品位的环境,他的选择总是受到你的朋友的赞美。他给了你骄傲和自豪,大家都羡慕你有这样一个人人喜欢、让你幸福愉快的好伴侣。他既是个浪漫、懂风情、懂得生活情调、让你欢心的情人,又是一个能够与你平等交流的友人。

他让你恨

他是不思悔改的花花公子,自我娇惯、自我放纵,是个毫无希望的懒惰的享受者。他感情多变,是只忠诚于美貌的奴隶,这个不可解救的奴隶总会发现比你更艳丽的容貌、比你更婀娜的身躯。他是个贪婪的美物、美人的占有者,肤浅得只知道欣赏绣花枕头,却不追求、接受伟大的智慧。他仅仅注重你的外表,却从不理解你的内心世界。

他在爱情的浪花里跳进跳出如同游戏一样,三分钟就陷入爱情,再过一分钟又能被更美的人引诱。他只感受此时的快乐,而不注重情感的体验,更不为明天考虑。他不能承受孤独和寂寞,在孤独时没有原则,会把你变成填补他孤独的牺牲品。他不做长久的打算，更没有严肃的规划。他没有坚强的意志，不能够忍受痛苦和折磨，对待问题常常采取逃避、妥协的方式。

他不辨是非、黑白不分，表现得像个八面玲珑、九面光滑的老好人。他"笑面虎"的外表下，是一个狡猾、世故的大滑头。他是个没有原则的"应声虫"，他用礼貌、和善、妥协来掩盖你们的任何矛盾，甜蜜得让你无可奈何，你难以有机会和他冲突。而私下里，他照样不放过任何可以寻找替代你的人的机会。

他如同摇摆不定的天平一样不稳定，是个两边倒的墙头草。他缺乏果断、坚韧、勇气，在作出重大决定时，他瞻前顾后、左右平衡，拿不定主意。

他是个不能够承受困难考验的人，宁肯采取逃跑主义的伎俩也不能够直视现实。他依赖于你，要求过多的感情依靠。可是当你要求感情的依靠时，他却认为自己将被窒息，那时候他会不可救药地抛下你奔向更美的人。

如果你想吸引他

他爱美人胜于一切，漂亮的外貌是非常重要的。如果你没有能够吸引他的标致外表，仅仅有丰富的思想和宽阔的胸怀，那就最好别费心了。但即使你再漂亮，你也必须要展示自己的格调。

他是个天生的调情高手，你的一举一动他都能够有强烈的反应。他很懂得目光的诱惑，你可以在温情的烛光下，含情脉脉地望着他，微笑着、轻声悦耳地与他交谈，在他不注意时轻轻地碰触他的手或者手臂。

他非常懂得浪漫的程序，他比你更明白如何展开下一步。他会渐渐地靠近你以便更好地与你交谈。在浪漫的环境中,迷人的你立刻就会点燃他积极、进取的勇气,他就进入了你的天地。

❧ 你穿什么?

这是最能够考验你的个人设计能力的男人。他很有格调和品位,你不需要极度地追随时尚,而要展示出你懂得艺术的秘密。色彩搭配要合理(他是天生的色彩师),风格设计要符合你的身材和气质(他是天生的形象设计师),搭配的首饰要与服装一致,头发要经过精心、完美的修理。

他的嗅觉非常敏锐,喜欢雅致的香水(男人香水就是为金牛和天秤而发明的),洒上淡淡迷人的香水(不要用浓重、刺激、强烈的香水,他不喜欢浓烈),画上高雅的淡妆即可(他不希望看到像街头浪荡的女人那样夸张的浓妆)。

❧ 在哪里约会?

他很讲究生活的品位和高雅的情调,喜欢在浪漫的环境里调情,因此,选择的地点应该是室内音乐会、浪漫的咖啡店、五星级酒店的餐厅等雅致的消费地方,而不是流行音乐迪厅、水煮鱼餐厅、麦当劳。

❧ 和他谈什么?

他不需要你的思想,你如果懂得"美丽"的领域的闲话,你们就有了话题。你最好看一看时尚杂志,了解一些明星的人际关系。

如果你想与他长相守

❧ 这样做:

永远保持完美的外表,常看一看时尚杂志,了解最新的时尚。

总是引起他的感官刺激,常用高级香水,改变发型。

总是保持高雅、美丽的淑女风度。

平静地和他交谈,让他知道如何改进,千万不要失去控制,大发雷霆,大喊大叫。

经常表扬他的品位,让他保持"天秤座的微笑"。

能够原谅他为别的女人买礼物。

❧ 不要这样做:

不要有任何粗鲁、没有礼貌、失去常态的表现。

不要忘记他的生日,不要忘记你们的任何纪念日(包括首次见面、首次亲吻等)。

不要让他看到你为了美丽的外表而做的后台的工作。

不要和他争吵,他憎恨不和谐的女人。

不要指责他使你不高兴,应平静地指出他该如何改进。

不要逼迫他在短时间内作出重大决定,给他摇摆的时间。

如果你们分手

❧ 他想和你分手

这时你就应该知道,他已经找到了新的美丽伴侣来代替你。通常,他不是个能够承受孤独的人,即使你不是他如意的心上人,在他还没有找到真正的爱情之前,他也没有勇气和你分离。如果他经常地让你知道,不要把和他的关系当成你唯一的寄托,你就可以判断,他是由于孤独难当而和你形成临时的伴侣关系。当有一天,他找到了他认为是全身心爱的人,他依然会照顾你的自尊和情感,不会用直截了当的方式来伤害你。他不愿意破坏与你曾经有过的美妙和谐的关系,会通过消失、回避、借口没有时间见你等方式来疏远你。你应该明白,这是他典型的手段,他是在给你机会先结束关系,他希望你耐不住寂寞先走出和他的关系。如果你试图用别的方式留住他,你受伤害的时间会更长,你受到的打击会更大。如果从长远来考虑,你只有分手这一条选择。

❧ 你想和他分手

你需要有让他信服的理由。和他摊牌之后,你就会发现自己没有服人的理由,你反而会被他说服,他没有太多的毛病让你难以忍受,他会调整自己去适合你,尽量满足你的要求。你很快就会发现,他努力让你旧梦重温,找到初恋时的感觉。如果你没有坚定的信念,还试图不伤害他的感情而温和友好地与他分手,你们会经过无数轮的谈判,事情只会更糟糕。在扯皮、拉锯式的分手过程中,你会更加不知所措。

通常,或许你不得不假装变成了一个蛮横不讲理的 “泼妇”,他对你的爱情可能就开始动摇了。如果你时不常地歇斯底里、大吵大叫,基本上失去了往日的理智和美丽,已经显示出精神分裂的前兆,他会比你逃得还快,他不能够和一个让他失去和谐的女人在一起。你还可以借口出长差,他常常难以忍受寂寞,或许在你回来之前,会有更美丽的女郎占据你的位置。

不过,你不用因和他分手而感到内疚,他有着惊人的平衡能力,过去的一切并不会给他沉重、致命的打击,他不会一个人孤独地承受痛苦。他是那种有调情能力的男人,很快就会找到新的伴侣。

调整你的期望值

当他强烈地被你吸引时，他就是上帝创造的迷人、完美的男人。你无法看到他有缺陷，他的魅力能使小狗、小猫都喜欢他。他既浪漫又有修养的举止，能够把你的心融化，还会帮助你分担家务。他尊重女权，不欺压你，懂得为你奉献，关心你、体贴你，还愿意和你建立长期的关系。

但是，你也不能够改变他。如果他没有进行自我改造的意识，他是不可救药的花花公子和迷人的调情者。上面所描述的美好的一切，都建立在一个不可妥协的基础上，那就是你一生都要永远保持比别的女人更加美丽动人。他永远不会承认他的心在为美人而跳动，你只有从他的眼光中验证。只要你自己有强大的信心，永远懂得女人的美丽和魅力是资本，你才能把握着他朝你渴望的方向走。他不是那种意志坚定、忠诚不变的男人，如果他没有高度的进化，他就会是棵摇摆不定的墙头草。成熟以后的经验会使他思考，他到底在爱情中寻找什么。他会重新看待爱与性的关系，而走入稳定的婚姻。

谁最适合他

白羊座、射手座、狮子座女人：

他被你的热情所吸引，你被他的淡然、友好所迷住，彼此给予对方自由，你们就能够长期友好相处。

天秤座、双子座、水瓶座女人：

你们天生就是一族,理智、冷静,没有强大的自我,又不易于被占有,既可以是情人、丈夫,分手之后还是朋友。

天蝎座、双鱼座、巨蟹座女人:

他让你感到扑朔迷离,他友好、亲切,但是,你莫名其妙地感到他难以把握。短时间之内,你们能够友好相处。你要放弃对他的感情要求,才能够保持长期的关系。

金牛座女人:

你们对于生活有很多共同要求,你们是享受生活的伴侣,双方都不愿承受太多的辛苦。你太稳定,需要不断地提高自己,才能够真正保持他对你的兴趣。

摩羯座、处女座女人:

也许他让你感到不安全、没有保障,但是,这需要一个漫长的时间去发现。他太喜欢享受浪漫的生活,能够教给你生活的宝贵真理,让你放弃忧郁和焦虑。但是,从一开始,你就需要学会抓住他的注意力。

英格丽如是说

　　每一个来到我们生命中的人，都是我们的老师，而那些带给我们痛苦和烦恼的人是我们优秀的老师。我们不会在幸福中苦思冥想，更不会在幸福中自我反省，只有当我们落入了痛苦的深渊，在感到剧烈疼痛的时候，在无助之中，我们才能够体悟、深思、内省，才能割弃膨胀的自大，才能感到自己的渺小和无知，我们才能让自己重视命运所带来的意义，在生活的面前学会谦卑，放弃贪婪、自我等人性的弱点。痛苦唤醒我们的心灵，痛楚让我们感到自己的内在世界，痛苦警告我们必须学习人生的智慧。

理解你的天蝎座男人
天蝎座（10月23日—11月21日）

他是十二个星座中最神秘、最深奥、

最性感、最强劲有力的男人。

他是一个千古难解之谜,你得有他那样复杂的大脑,才能理解他的神秘,但是,他也常常不明白自己。他是一个极其性感的危险男人,有敏锐的洞察力,当他用那锐利的眼睛意味深长地看你一眼,就能看穿你的动机,而你看透他却没有那么容易。他总是静悄悄、无声无息地出现,带着浓重、神秘、深沉的气息,你看不见他,但你能感觉到他的存在。

　　他不是那么容易接近,通过语言去理解他不太容易。他常常言语不多,他的语言像是计算机密码一样需要解密,而他语言的表面意义并不是他真正的意图。要想深刻地了解他,你必须要有天才的直觉,再加上弗洛伊德的心理学。通过他的行为了解他更是没有任何意义,没有多少人像他那样神秘。他常常被你误解,但这正是他所期望的。

　　他有巨大无边的想象力,他的一切又太复杂,没有非凡的才智无法理解他复杂的生活和心理。他太需要安全的港湾,需要灵魂的伙伴,但是他洞察到太多的黑暗的渊源。他最大的特长是用智力、意志战胜对手。他太敏锐,几乎不能够被任何人所欺骗。即使在看起来烂醉如泥、神智不清的时候,他也许还在玩脑力游戏。他的情绪常常伴随着忧伤,因为他有太多的计谋以至于他无法找到光明。只有在剧烈的身体运动中,他才能完全放纵自己屈服于快乐。

　　他表面冷静沉着,但是他的血液中总是燃烧着扣人心弦的激情,他的心灵无时不在寻找情爱的乐园。他太需要感情的浪潮把自己淹没,但是,他的感情天线又高度敏感,他的心常常感受到无名的伤害。因此,他宁愿选择封闭自我,也不愿意轻易开启情感的闸门。他知道一旦他的激情被点燃,就能够把他和你都烧成灰烬。

他有超级的核聚变一般的能量，如果这个能量不能和谐地释放，就可能导致自我毁灭。他一生中不停地自我超越、不断地再生，他的生活伴随着波涛风浪、死亡等危险，越是在危难时刻，他越能够发挥出力量。他因此而锻炼成特殊材料，意志坚定无比，力量不可摧毁，他能够成为他想做的任何一种人。

他是一个极端主义者，他不是个天使，就是个恶魔，但绝不会中庸。当他张开自己时，他会完全、彻底地给予——包括情感、灵魂和身躯。他具有战胜危机的力量和勇气，也能够为了他人的利益而牺牲自己。如果他发展不健康，他会像个恶魔一样阴险、残酷。他既能放纵自己，又有不可思议的坚强意志和自我控制能力，一旦决定改邪归正，他会立刻停止一切放荡，做个圣人。当他能升华自己的情欲，全身心地投入工作时，他又是一个典型的工作狂。

如果他愿意行动，顽固与忠诚你都可以从他的身上发现。他有不可摧毁的信念，他持久的忍耐力与顽固的金牛座不相上下。

走进他的世界并不是那么容易，他精心、苛刻地选择他周围的一切人，他可不喜欢肤浅、淡然的人际关系，而是一个黑白界限分明的人。他有强大的记忆力，能够"受人点滴之恩，当涌泉相报"。

在他强硬的外表下，有一颗极其柔软而又高度自尊的心。如果让他的自尊受伤，他可以成为你最危险的敌人，"不要和天蝎座为敌"是星相学家对人类的忠告。

他的喜好

他喜欢探索秘密，喜欢参加剧烈的单项活动（如拳击、长

跑、登山等），他喜欢性活动，喜欢有关灵魂、死亡、心理等方面的探索，喜欢得到最后的胜利，喜欢被别人承认，喜欢在暗处观测别人。他不喜欢被别人分析、查问，不喜欢暴露自己的隐私，不喜欢被奉承和太多的赞颂，不轻易相信陌生人。

他的基本需要

他需要安全、控制和战无不胜的力量。无论情感还是物质，他都需要有双重的保障。实际上，他需要权力、控制、支配的力量是用来防止别人的控制。权力和力量能够激起他脉搏的电流，但是，他对于安全的需要最迫切，他最需要一个属于他自己的安全归宿，因此，他还需要结婚。

他的畏惧

他最害怕失去控制，无论是自己的情感还是外界的处境，他尤其害怕被他人所控制，因此，他努力地不暴露自己。

他害怕被拒绝，因此而被动地等待。他害怕陷入情网不可自拔之后被人遗弃，因此努力不让自己陷得很深；但是他是如此需要他人的深沉情感，因而常常处于自己编织的痛苦中。

他对死亡的迷惑常常困扰着他，有时他感到畏惧，但是，最终他能够从心理上超越死神而重生。

他渴望的女人

他比谁都需要女人、热爱女人，但是他却感到能够让他真正投入感情的红颜知己寥寥无几。他非常渴望让他感到安全、可靠、有保障的女人，虽然他常常被性感的女人所吸引，但是他的内心深处却对她们充满了怀疑。他是个守株待兔的猎人，通常他很能够吸引、诱惑女人，表面上看起来他不热切、主动地追求女人，但是，他能够谨慎地算计让女人自己跳下陷阱。可是，那些过早地跳下他的陷阱的女人，他又会认为她简单、肤浅、不安全，很快就让他感到乏味。

他内在世界存储着深厚、热烈的感情，他的一生都在渴望、寻求一个融进他孤独而深刻的灵魂、理解他的深奥世界的女人，她能够点燃他感情的火山。但是他是如此复杂的一个人，他又不情愿在感情上被奴役。他对所爱的女人充满了疯狂的占有欲望，他的女人还应该懂得他的安全需要，不能让他有任何不安的恐惧。他有着双重的行为标准，他对她要求很高，既要被他占有，又不能够占有他。

情感上，他极其内向、被动，不愿意过多地表达自己，但是他又有强烈的感情压在心底，因此，他渴望那种洞察力敏锐、直觉强烈的女人，她能够触及他的灵魂，帮助他理出复杂感情的头绪，他从心底是个敏感、善良的人。他是个极其性感的动物，性对他而言，是一场心理、灵魂与肉体的交融。他渴望他的女人能够理解他对于性的深刻认识，他的感情、灵魂都通过性交给了女人。这个女人要跟得上他性欲望的步伐，一个不喜欢他的性爱，被动得像个死鱼的女人也不是他理想的爱人。

作为男人,他太复杂,使得他自己都为此深感痛苦,因此,他和什么女人在一起都不能够完全满意。但是,他终究需要女人,以及对她的支配。

他这样陷入爱情

由于被动的性格和敏感的自尊,他宁愿孤独,也不愿冒被拒绝之险,失去自尊比失去情感更让他痛苦。他是个狡猾的猎手,他不去勇猛地追捕你,而是悄无声息地靠近你。一旦他没有得到预期的反应,他会冷静地、悄悄地撤退。

通常,他不喜欢和别人竞争去得到你,即使他真的被吸引,他也能够压抑他的欲望,静静地等待所有的对手的出现。如果不通过复杂、戏剧般的程序去营造一个让他感到能控制的感情气氛,他就无法享受陷入情网的欢乐。

他害怕被你的感情所奴役,因此,他通常很难轻易把自己的全部感情交给你,他会长时间地压抑自己、考验你,直到不可抑制的情感淹没他和你。他的内心脆弱无比,他需要你,渴望占有你,无时不刻不在想念着你;但是他善于隐藏他深厚的火山般的激情,更不让你看到他对你的依恋。他畏惧你会利用他的深厚情感来操纵他,有时他会莫名其妙地和你保持一段距离。他有极大的性感魅力,他能够像磁力线一样让你的大脑失去功能。

在爱情中,他通常要占领主导地位,他需要你不断地展示出对他的爱情,但是他并不一定表达他的情意。他渴望你能够认为你作为他的爱人是今生今世最幸运的事情。

通常,他不是那种需要多种多样的女人的人,他只需要你,

114
十二星座恋爱密码

他能够保持对你的忠诚。但是,极端主义的他,在爱情上是个强烈的排他主义者。他有不可抑制的占有欲望,你和别人的任何亲近都能够燃起他的疯狂的妒火。他有强烈的情感,又能感情漠然,有不可思议的能力去快刀斩乱麻地断绝关系。

他的性欲望

在星相学中,他代表着男性生殖器官,你可以想象他有多大的性动力。他火山般强烈的性能力常常让很多女人大脑迷乱,如果他把感情投入进去,他就会成为最让女人难忘的男人,他的性感魅力使得他常常以此来操纵女人。

在性方面,他像是一个食肉动物,性是他捕捉、战胜女人,并控制女人的秘密武器。他天生就知道他性感的威力,天生就知道如何点燃女人的烈火。

性对很多人而言可能单纯是为了感官的愉快,但是他却必须用付出情感的代价才能够感受幸福和快乐。对他而言,性是一场心灵与肉体的交融,性爱是两个灵魂合二为一。性是他的一次死亡和再生的过程,他通过性来接触他的灵魂。性是他表达深厚爱情的方式,也是一场权力之争。

他是性爱的大师,他神秘的眼睛看你一眼,你就忍不住有了冲动的欲望。他如同一个催眠师,能够不声不响地把你送入迷幻的状态。他高度敏感、温存,懂得如何满足女人的需要。他不是暴烈、粗鲁、只满足自己身体欲望的男人。通常,他有持久不懈的力量,他可不是那种在三分钟(甚至更短的时间)就结束了任务的男人。大部分情况,他有那种在床上让你永生不忘的能力。

他需要在任何事情上都占领控制地位，当他发现自己在感情上太依恋于你，或者感到被你支配，尤其是他发现你在用性操纵他时，他可以毫无感情地突然撤退。当他把感情和性分开时，他将是个极其可怕的冷血动物。

他让你爱

他有着强大的、不可摧毁的力量，是一个越是困难的时候越能够创造奇迹的男人，你能在面临各种危机时依赖于他。他有高度的自我控制能力和不畏死亡的勇气，是最忠诚的朋友，只要你有需、有求，他会慷慨解囊、拔刀相助。他还有高尚的自我牺牲精神，在关键的时刻，他能够保护你、成全你，是你最有力量的臂膀。

他有深厚的情感，内心世界温柔敏感，能够真情地关心你、爱护你。他有巨大的性动力，激情万丈，会把男人的激情化作爱献给你。

他有准确的直觉，能够看透任何事物的实质，他总能够帮助你看到未知的危险。他是最深沉、最有激情、有磁场般性感魅力的爱人，最能够深刻地理解女人的心理和情感。

他野心勃勃、抱负远大，他想做的事情都能够做到，他不会让你失望。他坚强、可靠、深刻、沉着，与他在一起，你永远不会感到乏味。他参与的事情都会是有始有终。他永远不停地探索人生的秘密，能够引导你走上一条精神发展的道路。

他让你恨

他是个极其危险的男人,他不需要有太多的表现让你憎恨。他诡计多端,善于玩弄心理游戏来操纵你,你永远无法真正了解他。他嫉妒、有强大的占有欲望,与他在一起,你从此失去了自由。他的情绪变化多端,缺乏男子汉的大度量,神秘莫测,虚虚实实。当他没有情感时,能够得意洋洋地看着你痛苦,残酷无情得像个地狱里的魔王。他常常抑郁忧伤,你的阳光让他更加悲伤,最终他会把你的灿烂心情抹上一道道地狱的阴影。

他来到人世的目的只有两个——权力和控制。他几乎无处不在玩弄这两个游戏。他对你要求极高,可是你却不能够对他有任何要求。他的行为使你感觉不到安全和保障。

如果你想吸引他

他对任何黑暗、神秘、未知的事情都感兴趣,如果你看起来是一个性感、神秘、危险的女人,你就引起了他的兴趣。他喜欢用鹰一样的眼睛击穿你,你要回报给他同样的目光,紧紧地盯住他的眼睛,带着不可捉摸的微笑,好像你能看透他脑中的游戏,直逼他的灵魂。

他喜欢玩弄权力的游戏,但是,他更喜欢和一个有挑战性的对手过招。你要表现得充满了自信和力量,不要像一个涉世不深的生手。

❧ 你穿什么？

穿着性感的黑色短皮裙、黑色的皮夹克，戴着黑色的墨镜，洒上浓郁的麝香型的高档香水，极其性感而独特的化妆，他一见到就会盯上你。

❧ 在哪里约会？

灯光迷暗的酒吧，或者有权势人物聚会或出现的地方。

❧ 和他谈什么？

与他进行深奥、神秘的交谈（千万不要谈那些肤浅的话题）。告诉他："我们仿佛在哪里见过面？" 他会问你："在哪里？""上一世！"即使他不相信灵魂能够轮回（通常他相信），你的与众不同已经震动了他的灵魂。

他一生一世都在寻找他的灵魂伴侣，他会对任何有关灵魂、超自然的体验有兴趣。你了解一些星相学、心理学、性、股市、权力斗争等有关的知识，就能够保持他对你的兴趣。

对于他提出的任何问题，你都不要给他一个人人都能够明白的答案，双关语、谜语、反问都更能让他兴奋。

如果你想与他长相守

❧ 这样做：

你要学一些荣格和弗洛伊德的心理学，这样你就能够理解他的无意识王国。

你要无条件地爱他，他是个能够看透别人动机的专家，他憎恨欺骗和被人利用。

你要看起来总是很神秘，让他琢磨不透。

做个强大、独立、有尊严的女人，这样他就舍不得放弃你。

专注、耐心地听他讲话，他厌恶不专心致志的人。

给他一些孤独的时光，他需要通过独自一人冥想的时间来充电。

✖ 不要这样做：

不要再对任何男人亲近，他的嫉妒心列在十二星座男人之最。

不要欺骗他，即使你是善意的，他宁愿面对血淋淋的真相，也不愿意被蒙蔽。

不要忍耐他的任何欺压，他不喜欢弱者。

不要暴露你的弱点。

如果你们分手

✖ 他想和你分手

如果他决定与你分离，通常是由于他认为你不能够配得上他凶猛的性能力，你不能够带给他任何意义的满足，或者他感觉到你太肤浅，或者他渴望更有权势的女人。

这时，他通常会另有新欢，不要渴望你能够用温情挽留他，不要在他的面前流泪、哭泣，那样只能够让他更加坚定不移地为他的离别庆幸。当他绝情时，意味着残酷无情，你只有高高兴兴地接受，仿佛这是你期待已久的喜事，这将让他怀疑他的决定。你趾高气扬地离去，至少留给他一个不解之谜。

🐍 你想和他分手

他可能会成为世界上最难摆脱的人。即使他和你已经没有感情，他也不愿意被你抛弃，因为他的自尊比他的感情更尊贵。无论你走到天涯海角，他都能像侦探一样找到你。你最好改名换姓，或者逃到海外，或者钻进地洞。如果他理智地同意和你分手，那更加可怕。因为，他迟早会让你知道背叛者的下场，你只有等待着惩罚的发生。他也有可能通过超越自我来升华你带给他的打击，他会突然地崛起，用他成就卓越的人生让你下半辈子后悔，这是对你最大的报复和打击。你需要精心地策划一下，他相信神秘的事物，找到有特异功能的人或者星相学家，告诉他，他就要遇到他一生的灵魂伴侣，那个人将会带给他前所未有的机遇。当然，那个人肯定不是你。

调整你的期望值

和他在一起，你会生活在两个世界里——地狱和天堂。他可以是个忠诚的、深厚的好男人，也可以是最黑暗的坏男人，这取决于他的发展阶段——是个涅槃的凤凰，还是个地狱中的魔王。无论他是天使还是魔鬼，他都不会轻易地走出婚姻，更不会在危机的时刻抛弃你。

如果你能够和他一起超越、升华，他可以是你永生的灵魂之侣。如果他是个黑暗的蝎子，这个复杂、深奥的男人无论和谁生活在一起都会制造自己的痛苦。他有巨大的摧毁力量，能够让你体验什么是黑暗和危险，你可能从此结束了天真、烂漫。他的性能量是他最大的秘密武器，但是，他的性乐园却比你更需要感情的滋润。如果你能够把握他，他可以战无不胜，在任何领域都可以掌握极权。

与他一起生活，你不容易再有秘密，你必须保持忠诚，他激光一样的眼睛无所不能地穿透你。无论你自信、强大还是柔弱、温顺，他都能用不可阻挡的激情淹没你，用战无不胜的性感力量粉碎你，用深不可测的神秘感迷乱你。即使你有战胜男人的秘密武器，在他的身上也会失灵，你不能够战胜他，你只有用无私的爱来融化他。

谁最适合他

双鱼座、巨蟹座女人：

你们在一起如鱼得水，是情感世界里的两个精灵，是神秘莫测的一对。双鱼座，你和他结婚的几率最高。

天蝎座女人：

两个蝎子互相尊敬，谁也不咬谁，因为对方是自己灵魂的另一半。但是，你们多数情况下，会尽可能地避免走到一起，因为彼此都知道对方的深底。

金牛座、处女座女人：

你们能够给予彼此安全和保障，他需要你们吸纳他的情感。如果走到一起，无论有多少狂风暴雨，你们都会长久相处。处女座，不要挑剔他、指责他，你们就会相安无事，他是一个极其自尊的男人。

摩羯座女人：

你们彼此崇拜、尊敬，是和谐的结合。但是，支配他并不容易,你们之间的权力、支配的斗争永远不停。

双子座女人:

冷漠轻快的你,不经意间遇到了浓烈的天蝎,一物降一物的爱情,却绵延不断。

天秤座女人:

你优雅,他冷峻,但是他让摇摆不定的你感到了安全。黑夜中美丽的爱情是你们的主题。

白羊座女人:

虽然来自一个星球,你们都是性动力的生灵,但是却不是一个物种。不要渴望能够战胜他,他远不是那么简单,他是你永生的挑战。

射手座、水瓶座女人:

你们常常相互迷恋,尤其他的神奥和玄妙,你的博大。但你们思维的不是同样的游戏。虽然伴随着风波,但是,你们是探索人生的好伙伴。

狮子座女人:

你们都是激情万丈的种子,常常一见钟情。你的灿烂照亮他心中的阴影,他会给你需要的注意力和尊重,但是,在支配权的斗争中,你不可能真正获胜。学会关照他脆弱的自尊,是你们相处的秘密。

理解你的射手座男人
射手座（11月22日—12月21日）

他是十二个星座中最乐观、最有远见、

最难以被约束、最马虎的男人。

他是个忠诚的快乐主义者，欢乐、活泼、大方，他的热情能够感染每一个遇到他的人。他是个天生的哲学家，有上帝赋予的远见，用宽阔、乐观和长远的方式思维，不被事物的现有格局所限制，站得高，看得远，他的心永远属于未来。

他是个天生的冒险家，还是个吉普赛式的流浪者，生来就是要享受自由、多变、动荡不安的生活，因此，他在永不停留地奔忙之中。他能够同时向着几个方向奔去，谁也无法真正抓住他。他的血液不是为了安定、责任而奔流，他生活的激情是为了快乐主义而燃烧。他的个性像是不安分的丘比特，带着小弓箭快乐地去射击，不需要任何特定的目标。他的头脑在空中飞翔，他的脚不停留地奔跑，他根本就不想知道他会在哪里着陆。

他天生就有别人修炼几世都得不到的幸福，他那么乐观、坦然、欢快地享受现在美好的时刻，为了快乐他可以不负责任地放纵、娇惯自己。他有着儿童一样的快乐纯真的魅力，你稍不注意他就会偷走了你的心。很少有人像他那样幸运、幸福，实际上，他只不过比别人胆大妄为而已，在别人看来是冒险的机会，他却快乐地投入，结果，他总是得到上帝的垂青。

他不希望被循规蹈矩地束缚住，他热衷于变化而不喜欢持久。他总是能够用完全的热情投入，但是他却不能够坚持到最后，"可靠"和"有责任心"的评语不要试图在他身上应验，他的忠诚只给上帝不给女人。超级乐观的态度，让他总喜欢无条件地承诺，结果他能够实现的诺言却少得可怜。不要责怪他不守信誉，更多的原因是他有太多的活动和兴趣，他的大脑里记不住他夸下的各种海口。无论什么原因，这都让他成为十二星座中最不可靠的男人之一。

他是"天生的波西米亚人"，周游世界应该是他最渴望的职业。他总是一脚在屋内一脚在屋外,随时随地都准备去异国他乡体验异国情调。他最能够接纳外国文化,喜欢寻求新异,有时为了冒险而不负责任。他喜欢寻找生活的信仰,对上帝、佛祖无限忠诚,与宗教有着不解之缘,稍不注意,他就加入了宗教社团,或许这就是他流淌着幸福的血液的原因。他还是个最幸运的冒险家,佛祖、上帝都被他的信念所打动,而无处不为他提供机遇。他可以严肃得像一个哲学教授, 生活对于他本来就是一种有趣的游戏和经历,他的乐趣不在于事物的最终结局,他要享受生活中的每一刻可能享受的欢乐,并常常用快乐地移情来战胜困难。他过于宽阔、宏大,"只见森林,不见树木",忽视事物具体的细节和枝叶,伴随着他的快乐的是不可靠的个性、粗枝大叶、马马虎虎、漫不经心和随意地大包大揽,导致了他不负责任的声誉。因此,你不得不考虑他的承诺的可靠和真实性。

　　他热情、外向,但是有时他不懂得策略的优雅,直率得近乎粗鲁而让人愤怒。他缺乏细腻的情感,心弦上没有一根敏感的天线,常常用让人难以接受的真诚、直率、难听的语言挫伤了人心。他太粗心大意、大大咧咧,他的隐私和他知道的秘密都会变成公开的话题。

　　无论是身体还是思想,他都有着非凡的活动力。他无法承受束缚,任何限制、压抑、窒息都能够让他快速地逃走。他既有快乐、无邪、可爱的童真,又有现代文明的宽松、民主,还不缺乏雄性男人自由奔放、豪爽大方、无惧无畏的勇气,所有这些让人怦然心动的性格,足以吸引着你。但是,这个快乐的"人马"却不容易被一个骑手驯服。

他的喜好

他喜欢冒险、投机、赌博、变化,喜欢探索未知的世界。他喜欢有多种多样的选择、各种不同的思想。他喜欢放纵自己,享受自由的快乐;他喜欢处在不断的运动之中,喜欢旅游;他欣赏外国文化、异域情调,喜欢探索哲学、法律和道德;他喜欢各种各样的女人,喜欢聚会、调情。他基本上不是个能够持久不变的男人。

他不喜欢被承诺所束缚,不喜欢太安定、有规律、受约束的环境,不喜欢细节和具体的事物。

他的基本需要

他需要自由,自由是他的天性,是他幸福生活的保障。他需要随心所欲地生活,不受任何限制。他需要刺激、兴奋和变化,沉闷、稳定、持久的环境会窒息了他可爱的天性。因此,他很难被缺乏安全感的女人牢牢抓在手里,牢固的关系和婚姻会成为他自由的枷锁。他需要信仰,没有信仰,他就失去了乐观的天性。他常常对宗教持有神秘的向往。

他的畏惧

他害怕掉入一成不变的处境,重复、稳定、缺乏变化的生活是克制他的天敌。他害怕乏味,害怕被限制、约束,害怕成为笼中

的蝴蝶。除此之外，他是个勇敢乐观的男人，他几乎无所畏惧。

他渴望的女人

　　他不是个寻求虚荣、华丽、时尚的男人，对于女人没有那么多苛刻的要求，也不会用世俗的眼光看待女人的漂亮、忠诚、性感、知识、魅力。他渴望的是有智慧又带给他欢乐的女人，能够激起他探索世界的热情的女人远比具有性感的身体的女人更有魅力，能够与他一起运动、探险、寻求生活乐趣的女人比仅有一张漂亮面孔的女人更让他动心。他的极大快乐是和女人进行思想上的旅行，因此，他更加喜欢自然、健康、幽默、机智的女人。他是一个宽松、休闲的人，还是一个一半是野兽的男人，他过多的能量能够化成热烈的性欲，他也希望自己能激起对方的情欲，他的女人要承受他的身体需要。他更期望浪漫的探险，希望他的爱人能够和他到异地他乡寻求爱的新体验，不断地创造新奇的经历。

　　他是一个自由的精灵，渴望保持自己的自由和独立性，希望爱人不要约束、限制他的自由，他渴望他的女人不要完全占有他，即使他们的关系确定后，他也会不自觉地与其他的异性广泛交往。忠诚、负责、持久的关系并不是他的哲学思想的主要组成部分，他只寻求此刻的欢乐，虽然这并不表示他就和别的异性关系暧昧，但是，这却意味着他不是只属于一个女人的男人。

　　他渴望他的伴侣要先能和他做朋友，要能够分享他的各种爱好，然后，关系才能向更深发展。他渴望一个像他一样直率、诚恳的伴侣，这个女人要不断地和他进行思想交流，在人生哲学观上与他和谐。

他这样陷入爱情

　　他不是那种静心等待守株待兔之辈,当他喜欢你时,他毫不腼腆、怯懦,会勇敢、乐观、积极主动地追求你。他也不是那种温情脉脉、情话绵绵的人,他带着孩子般的热情,迅速地就敲开了你的心。但是,在确立你是他的单一关系时,他会犹豫不决。

　　在爱情中,他是轻快的伴侣和情人,能带给你无限的愉悦,他的快速、繁忙的生活节奏不会由于你的出现而减缓。他渴望和你一起进行思想上的探讨,你还要和他一起去异国他乡旅游、探险。他不是那种能够静静地享受两个人手拉手、在情意绵绵的情感世界里畅游的男人,和他相爱就是要与他一起分享生活的乐趣,就是要与他一起参与各种各样的活动。他喜欢广泛的社交圈,每天不停地穿梭于各种社会活动和朋友之间。你们的大部分时间会在热闹、欢快的时光中度过,如果你渴望安静地与他相处,那样的时光可能大部分都在床上。他坦诚、大方,毫不隐瞒他喜欢身体的接触,他需要享受极大的肉体上的快乐,耳鬓厮磨、频繁的性活动是他生活的一个重要内容。

　　他的火热激情来得快,也灭得快,你必须保持积极的热情,及时和他共享生活的一切乐趣。他不为未来的安定而忧愁,喜欢此时此刻的美好时光,并不寻求永久的幸福（他并不缺乏快乐）。他对婚姻、家庭和性有特殊的理解,并不在意安全、保障和稳定不变的家庭关系。他需要充分的自由,他有可能暂时忍受被占有,但是以后他还会不自觉地与其他异性进行广泛交往。他不希望被爱情锁定在一个人的身上,和他幸福相爱的原则就是一边爱着他,一边放开他。他能够单身一个人过着幸福的生活。其至在成熟以后,他对于爱情的观念也是寻求快乐而不是激情。过早的婚姻会使得他失去自由,他难以为了忠诚而失去快乐,除非他成熟得很早,他才能够高度地投入到固定的关系中。

在爱情中,他也是个不守信用的、单纯的儿童。他今天承诺你的,明天会忘得一干二净。不要为了他没有准时和你见面而不快,更不要为了他脱口而来的保证而激动。

他的性欲望

在古典神话中,他一半是人,一半是马,你可以想象和他的性爱应该是什么样的。他对于性的态度不像处女座那样谨慎、严肃,对他来说,休闲式的性关系并不是一件多么了不得的事情,他甚至喜欢在初次见面就进入性的历程,为此他赢得了糟糕的名声。控制自己、内疚、自责都不是他所能够感受到的心理活动,他喜欢追逐女人,性就像是他的体育锻炼的内容。和他交往,有了性并不意味着他就进入了爱情,性活动可能会在爱情到来之前发生。

他不是单纯地为了性的需要而进行性活动,他的性活动多了一份本能以外的内容。正是他人的那一半,让他的性活动染上了精神世界的光环。他需要和你一起去探索精神世界,他也需要探索你、了解你。很多情况下,或许在完成了瑜伽、读完了《圣经》和进行了苏格拉底式的哲学辩论之后,他才更能进入兴奋的状态。他的马的那一部分,则更是原始的动物的本能,他有无限的热情和激情,有健康的体魄,他那动物的本能部分赋予他极大的野性能量。他可以五分钟前还像一个虔诚的教徒、深奥的哲人,转眼却像一个刚走出原始森林的猿人。他不像水瓶座那样专注于精神和智力,快乐的他能够轻松地把性和精神世界结合为一体。

他让你爱

他像个无忧无虑的、快乐的孩子,他的乐观情绪能够扫荡你生活中的任何忧愁。他为人宽宏、胸怀广阔,对自己和对你都宽松、大方。和他在一起,你不用为明天发愁,明天只会比今天更美好。他让你发现了一个永远流不尽的热情、兴奋的生活源泉,他充满了热情和生机,是一个可爱、欢乐、轻松的朋友。

他不仅幽默、有趣,还有乐观博大的思维,能改变你的生活哲学,点燃你对生活的热爱。他带给你前所未有的各种活动,你跟着他不断地出现在聚会、戏院、外语课堂、体育场、教堂、寺庙、异国他乡,你开始喜欢学习外文,探索哲学、宗教和人生,你开始放弃过去保守、拘谨的人生观,大开眼界,生活再也不是悲观、失望、责任、负担。和他在一起的时光,你们快乐地享受生活,你的身体开始健壮,性爱频繁,知识增加,胸怀扩大,他教给了你生活就是一场快乐的大游戏。

他天生就知道如何激励你、开发你的潜力,能够迅速地挖掘出你所有的优点,并毫不吝啬、热情地告诉你,但是他却看不到你的缺点。他走到哪里就把欢乐带到哪里,让你感到所有的欢乐都无法用金钱来替换。他开阔了你生活的维度,你能够乐观、超越地向前望去、懂得了精神世界的价值,懂得了人生的快乐最珍贵。你能在不知不觉中吸纳他博大的人生智慧,终于明白了生活的真正意义,你不会受到压抑,更不会患上忧郁症。

他让你恨

他是个盲目的快乐主义者,只注重现在的快乐,没有长期的规划。当你需要他时,你却难以找到他,他不是在旅游,就是在看朋友、在课堂、在聚会、在运动。他好像生来就带有儿童多动症,从来不能够平静地留在家中,你和他在一起的时间都必须安排在他的时间表中。他像是一匹难以驾驭的野马。

他肤浅、盲目乐观,常常夸大其词,保证的多,实现的少。他的记忆力差得可怜,好像从不记得自己的诺言。他不可靠,变化无常,只要他参与的事情,你都不能够得到预测的结果。

他粗枝大叶、马马虎虎,胡堆乱放,没有任何规章,生活一片混乱。他缺乏认真、负责的态度,当他粗俗时,他的粗鲁、直率的语言比暴力还有杀伤力。他嘴上不把门,说活没谱,甚至连你们的私生活都能够人人皆知。他没有组织纪律性,自由、散漫、不守信用。和他在一起,你会感到一起都过于动荡,没有保障,转而渴望平静、温馨的生活。他不仅仅爱你,也爱其他的女人,即使你们有了确定的关系,他也依然和其他女人交往频繁。

如果你想吸引他

他是一个探险家,喜爱与女人共同相处的快乐时刻,喜欢把追求女人当成一个探险的过程。只要你能够激起他思想的浪花,给予他幽默、快活、笑声,他就会把目光的焦点集中在你的身上。

你穿什么?

你不要为穿衣而发愁,用不着把吸引狮子座的服饰穿给他看,也不需要暴露性感的肉体,你只需要展现给他一个健康的体魄,一个自由的灵魂,永远不会消失的活力,让他知道你是一个自由自在、独立、有思想的女人,你不需要别人的照顾,你生活得非常得意、自由,你最大的幸福是在寻求思想、探索世界、创造快乐的人生,你不需要男人的束缚,你也会给予男人极大的自由。

在哪里约会?

首次约会在少数民族餐厅或泰国、印度、意大利等外国风味餐厅,或者书店。

在你们频繁约会的时候,带他去参加蹦极、探险、攀岩等冒险活动,他有极大的兴趣去做任何没有做过的事情,或者建议他在遥远的他乡约会。

和他谈什么?

旅游,法国、意大利、非洲文化,希腊哲学,中国哲学,基督教,佛教,道家思想,天主教和基督教为什么不同,形而上学是怎么回事,世界政局的发展,伊拉克何去何从……和他可谈的话题太多太多,只要不是日常生活的琐事,你尽管开怀畅谈。

你可以建议周末和他一起去爬山、去上课、去参加一个宗教的聚会。

如果你想与他长相守

这样做:

给予他足够的自由空间,任凭他自由地奔忙。

要永远保持积极的生活热情。

你要有健康的身体，充满了动感，像一匹刚刚走出非洲的野马。

和他在一起不要有太严格的计划，随时向他建议改变计划。

随时准备出发去野外，或者去旅游。

多了解宗教信仰，或者参加佛教的活动，你能够和他有更多的话题。

做他忠实的听众。

❧ **不要这样做：**

不要限制他的自由，不要询问他的时间表。

不要对他有太多的要求和依赖。

不要有消极的人生态度，不要有悲伤的情绪。

不要抱怨任何困难。

❧ 不要有不稳定的情绪，不要身体不健康。

不要打击他的积极性。

如果你们分手

❧ **他想和你分手**

如果他感到你有太多的嫉妒心和占有欲，尤其是他感到自己的自由将被限制，你们的关系就开始出现裂痕了。通常，他会很坦率，他是不会拐弯抹角的人，会直率地告诉你。不要为他的直来直去而伤感，他并不是有心伤害你。他喜欢结交新人，爱情对他的吸❧力与其说是浪漫，不如说是开拓、探索的兴奋。当他感到乏味时，他会重新到别处寻求新的兴奋点。当他到远处旅游不带你去时，你最好心中有准备，不要再像孟姜女一样追寻他到长城。

由于他不安分的特点，通常他不愿意过早进入婚姻的围城。他没有强烈的占有欲，也不需要你过多的忠诚，更没有持久力，当兴奋消失之后，他又会寻找新目标。

❧ 你想和他分手

如果你想正常地和他分手，你必须找到足够的理由说服他，通常，告诉他你另有新欢并不能够解决问题，自信的他会认为你利用了他，你点燃了他的烈火又无情地抛弃了他，他会把自己的愤怒和不满倾诉给别人。他有着"big mouth"（大嘴巴）的美名，他大大咧咧的性格通常让他不知道什么是隐私，什么该说，什么不该说，你需要有足够的精神准备，很可能满天下的人都知道你们的分裂，还会知道只有你和他才知道的私人秘密。

最好的办法是让他对你先失去兴趣。这非常简单，只要你患上了忧郁症，显得没精打采、半死不活、缺乏生机，你的人生开始消极悲观，你天天抱怨生活中的每一件事、每一个人，你对生活失去了热情，拒绝任何社交活动，对他也失去了兴趣，你既不想学习，也不想上进，每一件小事都让你烦躁不安，你天天用痛苦的谈话来驱赶他的快乐，你还束缚他外出的自由，他就会怀疑你软弱无力、缺乏生气，开始对你失去兴趣，他会越来越不想见到你。

调整你的期望值

他是一个快乐的好伴侣，能够带给你无穷的乐趣，和他在一起，你百分之百会远离忧郁症，你将会由衷地欢乐。如果你和他

一样渴望探索生活，并不急于把生活的内容局限于爱情之中，你能够管理自己的生活，还有除了他之外各种不同类型的朋友，不需要男人天天陪伴着你，他是你最好的选择。

　　但是，你要知道，你不要过于渴望忠诚和稳定，他很难安分守己地只属于家庭和你；你也不要渴望从他身上找到激动人心的浪漫和情感，他生来就不是一个浪漫的情人，他难以产生巨蟹座、双鱼座那样的情感，不会那样嘘寒问暖地照顾你；他也不像金牛座、处女座那样懂得如何管理生活，你更不要奢望他能够懂得节俭过日子的诀窍。他需要自由地奔跑，稳定有序的正常生活会扼杀了他的快乐和幸福。有了他，也让你知道了驯服一个半人半兽的生灵有多么困难。

谁最适合他

射手座女人：

很少见到你们常相依。你们自己也知道，尽管你们热爱自由，但是，你们还需要别人为你守家。

白羊座、狮子座女人：

你们之间互相追逐，不需要情感和理智，他也不在乎你有支配和领导权，你们会和谐、快乐地相处，是天生的伴侣和朋友。

金牛座女人：

十有八九，你们两个先被性点燃。两个懂得享受的人是快乐人生的伴侣。克服你的惰性，你要跟随他提高、拓展自己，你越不安定，他才越感到你有意义。

处女座、摩羯座女人：

你易于被他强烈地吸引，他让你看到世界的另一面。他能够带着你走出办公室和家门（虽然他动荡的性格让你感到不安全），你们的结合就是成功。

天蝎座、双鱼座女人：

你们有强烈的性吸引力，寻求精神世界的发展是你们关系长久不衰的保障，如果能够彼此理解，你们是非凡的朋友、情人和伴侣。

巨蟹座女人：

你们很少能够相遇。但是，相遇之后却难以分手。他很难理解你敏感的情感的要求，学会他的简单、直率，放弃对他情感上的操纵。

水瓶座、双子座、天秤座女人：

你们是思想、游戏、生活的好伙伴，既和谐又能够互相平衡。你们能够用理性的冷静平衡他过高的热情，是情人也是生命的伴侣。

理解你的摩羯座男人

摩羯座（12月22日—1月19日）

他是十二个星座中最有野心、最沉重、
最有目的性、最不可估量的男人。

乍一看，他让你联想起严寒中一块坚硬的、不可征服的疆土：冷峻、顽强、不可摧毁的坚韧。他的举止稳重得像神话中的老国王，他让你敬仰，也让你感到抑郁，但是他的内心又远不像他看起来那么自信。实际上他是个坚韧不拔、不断地向高峰攀登的人，无论所处环境多么艰难，他总是能让自己脚踏实地一步一步地向上。

他做事目标明确，从孩童时起，他就相信自己不是一个平凡的人。他冷静的头脑中总是规划着长远的蓝图，他的生活目标是获取物质世界最大的回报，他的动力是为了权力、显著的社会地位和金钱。他不会因为老板的赞扬而满足，总有更大的野心，有比老板更高的目标。为了达到这些目标，他成了工作狂。

他外表强大、冷静、沉着，但是在他的外表之下却不是一个潇洒的、阳刚气十足的灵魂。他的内心冷峻得像一座不化的冰川，他的心灵承受着缺乏安全和自信的煎熬。他从不寻求感情上的保障，而是通过获得金钱、权力找到平衡。他常常看起来愁容不展、冷峻、灰暗，那是由于他对生活太认真，把获得成就看成是沉重的生活责任，以至于难以体验到生活的乐趣，即使是有趣的事，也难以让他显出童真。他冷静和忧伤的性格让人难以接近，强烈的自我防范心理使他不喜欢开诚布公地与人交流，他的交际范围也因此受到约束。

尽管在商业界，他的能力可能使他获得至高的位置和权力，但是，在浪漫情调上，他腼腆、谨慎，可不是个像双子座、天秤座一样受人欢迎的"大众情人"。他传统、保守、古板甚至僵化，他需要控制发生在身边的一切，只要有可能，他就会像个国王那样独断专行、发号施令。他顽固不化，通常不愿意承认自己的任何缺点，以确保他的权威不被质疑。

他顽强、坚韧，会咬紧牙关追逐自己的目标，也确实总能够成功地达到他的目标。但是，他付出的代价是不能够享受美好生活，他不仅仅辛劳苦干，还勤俭节约、严于律己、精打细算，生活上他是个自我折磨、不会享乐的苦行僧。可是为了提高他的社会形象和等级，他却从不在乎金钱，如果可能他会用最顶级的名牌来装饰自己。他常常悲观地估计未来和现实，这让他感到不安和恐惧，因此，他总是做好了最糟糕的准备。他精心计划、谨慎行事，会在最小的风险下稳定地获取最大的胜利。他比任何人都努力、勤奋，像一台高度运转、永不停息的机器，没有时间、更没有心境去享受情趣，好像是他上一世欠下的重债要在这一世还清。然而，他却是个牢固可靠、有责任感的男人，只要他给了你承诺，大部分情况下，他都会实现自己的诺言。这也让他对别人像是个苛刻的监工，他的期望常超出别人的能力限度。他对待自己也像对待一个奴隶，他永远得不到自由；因为他不知道自己既是奴隶又是自己的奴隶主。

他有超出我们想象的精明，懂得在现实社会生存的秘密。他冷峻地看待人生，有务实的价值观，他不可思议的商业操作才能，让他知道如何利用身边的每一个人。不可否认他是个阴险的、坚不可摧的对手，他不会盲目地行动，懂得在关键时刻如何明哲保身。他天生就有政治家的才干，从不与幻想家们为伍，也不向往梦想中的乐园，他的脚紧紧地扎根在坚实的土地上，他关心的是自身的保障和社会地位。

他冷静地观察、分析现实，谨慎小心地处世，勤奋努力地工作，尽管他不是个大众情人，但是，总有一天，你会在有权势的、成功人士的群体里发现他。

他的喜好

他喜欢高高在上的感觉，喜欢被崇拜、纵容、迎合，为此，他必须获得权力和金钱。

他喜欢简单的食品，喜欢勤俭节约，但他也喜欢用豪华的物品为他增加荣耀和价值。他喜欢加入有特权的俱乐部，喜欢古董、历史遗物等等一切经历了时间考验的宝物，喜欢安静和孤独。

他不喜欢没有秩序、混乱的人和事物，不喜欢被别人取笑，不喜欢新异思想和事物，不喜欢在公众面前尴尬的局面，不喜欢被别人领导和支配（尽管他能够忍受），不喜欢铺张浪费、豪华、奢侈。

他的基本需要

他需要深深地感受到生活的安全和保障，需要成就、权力、大量的金钱，没有别的事物能减缓他的焦虑，让他感到安康。但是，他永远也找不到安全的保障，即使他是亿万富翁，他也不会感到满足。

他需要掌控局面，需要有超越别人的控制、支配权力，以让他忘却内心的不自信。他需要让别人仰望、服从，他会驱使自己不顾一切地去获取成就。

他的畏惧

他害怕的事情太多，必须以努力工作来忘却恐惧。他最害怕没有成就，不被别人和社会承认。他需要向社会展示自己的权位和财富，以便得到别人的尊重、承认和敬佩。

他害怕失去社会地位，害怕没有金钱。他害怕被人拒绝或者失去尊严，因此，他常常压抑自己的欲望，以保持自己的权威形象。

他最害怕自己会变得懦弱，这样会削弱他的力量，破坏他的支配力。他害怕被别人控制，害怕自己不努力就会落在别人的后面，他总是像个清教徒和苦行僧一样，用严于律己的方式来避免任何麻烦。

他渴望的女人

他太在意自己在社会上的位置和形象，因此，女人也是他的社会成就的附属物，他要寻找一个在各方面都能有利于他的形象、地位的女人。他充满了野心和抱负，不想因为女人而消耗精力，他会先评判女人是否值得他付出全部注意力。他常被那些看起来尊贵、传统、安定，在外界看来也会有利于他的形象的女人吸引。在感情上，他又需要被崇拜和迎合，因此，他需要一个安全、稳重、可靠又敬仰他的女人。

他是个大男子主义者，他保守的思想体系里没有太多的民主意识。他希望女人处于从属地位，女人的工作之一就是要崇拜他的权威和力量。他认为女人应该清楚自己的位置，做好自己的本职工作，尽管他不反对女人外出工作，但是他渴望的女人首先应该是他的妻子和母亲，而他则是负担全家生计的支柱，他应该有显赫的社会地位，巨额账号骄傲地写着他的名字，他必须要感到自己毫无疑问地处在支配地位。

尽管他表面上看起来像个阴险、强大的国王，但是在内心里，他像孩子一样渴望爱情和关注。他需要一个能够放弃自我，精心照顾他、关爱他的女人，让他更加努力地去挣钱以使女人更加崇拜和敬仰他。他渴望她能够理解他的需要，给予他实际的支持，平日里，不要太占用他的时间和精力。他认为给你一个使用银行账号的特权，你就不应该再有更多的要求。

他缺乏自信并且充满了焦虑，不能够忍受竞争，也不敢相信自己最后能够胜利，他无法忍受自己不是漂亮女人目前的第一选择。因此，漂亮、性感的女人虽然能够打动他的身体，却不能够打动他的理智。

他这样陷入爱情

除非他的生辰图中有特强的天王星影响，否则，他可不是三分钟就能燃起激情的男人。通常他缓慢、冷静地接触爱人，更缓慢地发展爱情，他需要一个漫长的时间来考查你。

在爱情中，他也是那么严肃认真，他的古板、僵化多于浪漫、调情，他可能不是那种有趣味的、能够让你欢笑的乐观男人，也不是那种温馨浪漫、具有强烈激情的人。他很少动情地表达"我爱你"，但是，当他说"我爱你"时却是货真价实的。

他在情感上的焦虑，使得他必须有足够的金钱才能够放松自己，享受爱情的欢乐。他不会由于爱情的到来而放弃他传统的观念和远大的抱负，他依然会更多地投入到他衷心热爱的事业中去，爱情给了他激励，但是也让他感到更大的责任感。

他不是个享受生活的花花公子（他更享受他的工作），他可能不会想起带着鲜花、香槟来见你，除非他需要展示他的资本，否则，他更喜欢带你去那种物美价廉、经济实用的餐馆，而不是华而不实的昂贵饭店。他会慢慢地考查你，如果他认为你安全、可靠，值得他为你付出，他才会送你值钱的物品，以便让你在外人面前看起来更能够显示他的成就。

通常他的"大男子主义"和控制局面的思想在关系中很快就会暴露出来，他总是有一种高高在上、要控制你的气势，他会迅速地占领关系中的统治、支配地位。但是，他的内心却有无法控制的嫉妒，不过他永远不会承认。他会在任何一个有危险的男人面前含蓄地传达出他和你的关系的信息，如果你任性、不听话，他会变得冷酷、疏远。对于你到底需要什么，他却并不那么敏感。当他需要你时，他对你表现得全心全意；当他的需要得到满足后，你会感到他心不在焉。

他对你负责，会像一个负责任的老爸，希望知道你生活中的一切，需要知道你日常生活的规律，以确保你不做不该做的事，在你需要帮助时，他有你想不到的解决问题的能力。但是，他高度地自我保护，你难以触及他自己的私人空间，也没有权利知道他的踪迹。

他的性欲望

女人、爱情和性,对于他是三件不同的事情。他强烈地需要性,但是,他知道如何恰到好处地掌握三者的尺度。

作为土元素族的一员,他有强烈的身体需要的渴望,虽然他是个苦行僧,但是,在性的方面,他却并不是那么腼腆、沉重、自我压抑。当大门一关,他会立刻丢掉他在公众面前的面具,你将看到他的另一个面孔。在他看来,性生活是最方便、最廉价的自我娱乐,所以,有规律的性活动是他生活的一部分。他所渴望的性并不是那么神秘,更多的欲望来自于男人身体的本能。因此,任何稀奇古怪的性幻想、折磨、征服、游戏、表演等,都不为他所喜欢。

他喜欢通过身体的接触来点燃性的欲火,他有强大的自我,在性方面,他喜欢女人把注意力都给予自己,他不喜欢女人的话太多,却喜欢女人目不转睛地望着他。对付白羊座的野性、对付双子座的好奇,对他并不一定实用。

他渴望满足女人的愿望,他相信什么都能够通过实践和学习而提高,性也能够通过练习而不断地改善。他有顽强的学习精神,有持久不衰的精力,和他在一起,要有精神准备,性生活如同午餐一样频繁。

值得一提的是,虽然他保守、谨慎,他还会是一个可以一起生活的伴侣,但是,这并不意味着他就是一个安全得不会红杏出墙的男人。他可是十二星座中最有心计的男人,即使有多次一夜情,他也不会让人抓住把柄。大多数情况下,他需要将自己的婚姻完整地展示给公众,不会另辟蹊径而离婚。

他让你爱

他对你的情感持久、稳定，他让你找到了对男人的尊敬。他冷静、强大、理智、专注、投入、持久，在你最需要他时，能够给你一个坚强的臂膀让你依靠。无论在家里、在事业上、在性生活上，他都当仁不让地肩负着保护你的责任。他眼望未来、雄心勃勃，不懈地为改善现在的经济状况、提高社会地位、实现你的梦想而努力。他为了达到目标而承担重任的坚韧精神，可以让你高枕无忧，也让他无往不胜。在事业上，他不仅勤奋，更是个足智多谋的帅才，终究会用辛勤的汗水和精心的谋略迈进社会成功人士的阶层。

他严肃认真，严于律己，谨慎小心，不是那种容易被外界的浮华和虚伪所诱惑的人，也不是那种让你不放心的花花公子。他热衷于成就大事业，坚不可摧的意志让他能够控制住男人通常共有的致命弱点。他不是那种无聊地浪费时间的男人，不热衷于和女人调情（但是这并不意味着他不喜欢女人）。

他不会轻易放弃他的目标，而是精心地安排你们的未来，你不必担心他会被腐朽的人群所影响。随着年龄的增长，你会越来越发现他的魅力，年轻时少年老成，年龄大了却宝刀不老，越看越年轻。你和他在一起的时间里，你不用担心前途渺茫，心中无底。他不仅有远大的抱负，还懂得勤俭生活。他总是能默默地掌控全局，直到最后的时刻才让你惊奇不已。

他让你恨

他热爱权力超过了热爱你，他的时间都奉献给了工作和事业，有攀登不完的事业高峰。你发现自己空守情人和爱人的名分，就如同和他的名字在谈情说爱，而不是和一个活生生的人。他是一个地道的保守、传统的大男子主义者，他不给你民主和自由，你感到自己如同他豢养的宠物。他不能够理解你对感情和浪漫的渴望，不懂得如何给予你爱抚，不向你开放心怀，他让你感到乏味、紧迫、压抑，你不得不自我训练抑制对情感的渴望。

他性格阴郁、愁容满面，很少真正地开朗，让你感到沉重、忧伤。他冷酷、阴险、诡计多端，而且谨慎小心，怀疑猜测，从不做没有目的的事情，常常利用身边的每一个人。他是个地道的物质主义者，你能嗅到的是他不可救药的世俗铜臭，每一件事情都能够被他赋予金钱的价值。权力是他的中心，金钱是他获取权力的途径。

他是一个不会享受人生的苦行僧，是个不敏感的势利者。他缺乏同情心，对人就像是对一个生活道路上的客观物质，他只为了他的利益和目的而存在。

如果你想吸引他

虽然他和每一个男人一样不免被暴露、性感、美丽动人的女郎所吸引，但是他的头脑不会被性欲完全淹没。他喜欢货真价实的女人，不会被华而不实的虚伪所击中。遗憾的是，他是个物质主义者，又是个崇尚上层社会生活的势利眼，因此，约会地点的等级、你的服装的质地和价格对他至关重要。在他内心的价值天平上，你所穿着的服饰就是你的社会价值，通常，他看不上轻佻、缺乏等级标志的女人。

❧ 你穿什么？

前开后露的性感、引人注目但是缺乏品位和地位标志的廉价服装只会让他反感，你最好配备有格调、看起来价格不菲的行头。在他的眼里，一件色彩稳重、质地上乘的高级服装要比一件流行的时尚衣服更有分量。在高价的外衣内，搭配上含蓄、色彩浓重的性感内衣，你就完美而又现实地向他体现了你的价值。

❧ 在哪里约会？

他喜欢上层阶级、有身份的人出现的地点，第一次约会应该在传统的饭店或者有档次、服务出色的咖啡厅见面。以后，你可以带他去古董店、古典音乐会等有品位的活动地点。他不喜欢那些稀奇古怪、虽然时尚但是缺乏上层阶级品位的地点。

❧ 和他谈什么？

你可以和他谈论国家政治、经济形势的发展，不要和他有争论，多征求他的建议。他强烈地需要一个被人尊重、仰望的形象，你要不断地、由衷地赞赏他，从赞赏他坚实可靠的能力，到他宏大的谋略，从他的社会地位到他的外表品位，仿佛一切都在告诉你，他是一个让你由衷敬仰的人。他看起来腼腆、谨慎、严肃，但是内心却能够承受恭维、奉承，他喜欢那种由于拥有权力而被别人尊重的感觉。

他不喜欢炫耀自己的女人，如果他不问你，不要过早地展示你的成就。这样，他就发现了一个能够让他认真考虑的女人。

如果你想与他长相守

❧ **这样做：**

要忠诚于他。

要含蓄地赞扬他，承认他的强大，让他感到他被你崇拜、欣赏、尊敬、渴望。

要让他知道你多么爱他，你多么愿意与他在一起，他给了你多少愉快。

用高雅的、古典式的、传统的风度建立一个被尊敬的形象。

要把你对于感情的强烈需要控制在最小的范围之内。

❧ **不要这样做：**

不要怀疑他的权威，更不要向他的权威挑战。

不要在公共场合有任何不规范的行为。

不要再给他增加任何负担。

不要批评他。

不要让他认为你做的什么都理所应当。

不要有不忠诚的嫌疑，不要让自己成为流言蜚语的主角。

如果你们分手

❧ **他想和你分手**

那一定是当他感到无法控制你，或者你让他失去了社会荣誉。他有主见，且坚定不移，不要试图用眼泪和过去的温情来唤醒他，他一般不会被过去的感情所打动，更不会让怜悯的情感绊住自己,你最好不要浪费自己和他的时间。一般而言,他不是那种容易被激情和性欲主宰的男人,他很谨慎、算计,难以轻易地掉入狂热的爱情漩涡,也不会轻易地抛弃你。

❧ 你想和他分手

如果你由于有了新欢而离开他, 他会发现自己被欺骗、背叛,首先不是感情,而是他的尊严、威信遭到了空前的劫难。他最害怕的就是失败,无论他是否认为你值得他爱,他都会不惜一切地努力挽回,一次一次坚持不懈地尝试重温旧情。但是,他的内心并不会原谅任何不忠诚的背叛,他会记住他为你做过的每一件事情,让你懂得背叛者应该加倍偿还。一旦他最后的渴望被破坏,你就会知道阴险的摩羯座并不是那么好对付,他有足够的耐心和时间让你最后的神经防线崩溃。他不会原谅你,他自己也需要很长的时间才能够康复,他会让时间和命运来当公平的裁判,无论是立刻还是三十年,他会让你明白,背叛者是自作自受,让你一生一世永远记住了再也不会践踏他的信任。

你最好考虑保全他的尊严和名誉,不要欺骗他,不要有了新欢再和他分手,这些远远比他的感情更重要。你应该诚实、坦然地和他摊牌,一定不要做出有损于他和你的名望的事情,要保持自己的清白和无辜,千万不要有任何私下的、见不得人的把柄,你尤其不能够在经济上贪心。这样做,或许你们会冷静而理智地分手。

调整你的期望值

他少年老成、坚实可靠,对于很多怀着恋父情节的女人,他

是一个完美、安全、父亲般的男人。他的头脑里充满了谋略，胸怀被抱负填充，从不松懈地为登上社会上层的台阶而奋斗，迟早有一天他会让你刮目相看。如果你能够敬仰他、按照他的愿望行事，他能够给你提供最安全的堡垒，从此，你就可以辞了工作，安心在家做个全职太太。

但是，你也知道这些需要付出代价。他可不是那种有趣、可爱、让你欢笑的浪漫男人，他的保守、谨慎、忧虑多于浪漫。他的大脑总在考虑如何谋取功利，在他的野心世界里，女人永远无法与功利相比。如果你有雄心抱负，要献身事业，或者你渴望自由自在的生活，就要考虑他对你的控制和支配。他会让你知道什么是窒息。你和他的关系只有一种可能——他支配，你服从。除非生下来以后他的大脑被清零，否则他的无意识王国里充满了传统、保守、陈年腐朽的男女关系理念。

尽管他不是那种让你神魂颠倒的浪漫情人，但是，对于那些渴望依赖于男性、在生活中寻求保护、对肉体需求很高的人，他是强有力的臂膀和伴侣，他是那种适合结婚、生活的男人。

谁最适合他

摩羯座、处女座女人：

浪漫不是你们的游戏，你们都冷静、稳定得像大山，是坚实、可靠、完美的搭配。最幸运的是你们的后代，他们可以安享两个苦行僧创造的财富。

金牛座女人：

你们分享着现实主义的世界观，也都稳如泰山，你能够带领他享受生活，他能够为你拼命工作，你们也是最佳伴侣。

水瓶座女人：

你和他来自一个冰川，你头脑发达，他坚实可靠，你开放，他保守。如果你能够把脚落在地球，如果他能够跟得上你生活的时代，你们的结合也意味着成功。可是，当你们两个人都顽固不化时，他不可能屈服于你。

双子座、天秤座女人：

他羡慕你的淡然和才智，你倾慕他的雄伟大志。你能够帮助他学习建立良好的人际关系，他有强烈的控制、支配欲望，如果你们能够理性地处理矛盾，你们会是冷静、理智的伙伴。

天蝎座女人：

你们互相崇拜，他是能够实现你的雄心的男人。你要控制自己的情绪，只有他感到能够支配你时，你们的关系才能够顺利和谐地发展。谨防你们彼此的低沉、忧郁的倾向。你们是一对雄心勃勃、性格强硬的情人和伴侣。

巨蟹座、双鱼座女人：

他沉稳、坚实的男人性格吸引了你，但是，你很快会发现自己的幻想被他坚硬的土地吸纳而去。不要期待太多的浪漫，他是你生活的保障，是你的天赐良缘，是完美可靠的生活伴侣。

白羊座、狮子座、射手座女人：

他需要你的勇气，你缺乏他的心计。你来自赤道，他来自北极。但是，你们还常常相互吸引。你们是最佳的互补型伴侣，更是最佳的商业伙伴。

英格丽如是说

　　幸福的婚姻需要成熟的人生观、智慧的支持,你要至少能够展望在激情冷却以后,你是否能够承受锅碗瓢盆的现实生活内容。在结婚前就不存在浪漫幻想的婚姻通常稳定、幸福。浪漫的幻想是文学家的特权,而理性地思考生活(有足够的准备来应付生活中的失望)、浪漫地投入生活(永远不会被现实生活的乏味所打败)才是我们的特权。

理解你的水瓶座男人

水瓶座（1月20日—2月18日）

他是十二个星座中最理性、最有独创思想、
最客观、最难以预测的男人。

他看起来超然，仿佛是一个心不在焉的教授。他聪明绝顶，有独特的思维，大脑里充满了稀奇古怪、让人震惊的思想和主意。你从不见他读书，但是，无论什么问题，他都能够发表让你刮目相看的独到见解，好像他已经站在这个领域的高端一样。

他是一个生活在自己大脑中的理想主义的生灵，高度理性、客观，能够从让你意想不到的各个不同的角度看待人和事，他对待自己也像是对待一个客观、抽象的物体，而不是一个有血有肉的生灵。当他走上顽固的道路时，你就会发现自己在同一个宇宙的星外来客打交道，他会是世界上最古怪、最难以理解的怪物。

他有强烈的求知欲望，他所追求的知识并不一定能帮助他在世俗世界中建立成就。他的功利思想淡泊，追求独立自由，带着严重的反叛传统权威的思想，不但难以被束缚，还常常过于忽视上司，以至于他出众的才华不能够被利用。他独特、潇洒得让你尊敬，但是他过于脱俗，让你为他的才华惋惜。他智商超常，执著地探索人性的秘密，他对于宇宙间未知事物的兴趣超出了对于现实社会的理解，他的大脑也许真的能够与宇宙间其他的生灵交流。总而言之，他总是对那些非世俗主流的知识情有独钟。

他是个天生的心理学家，渴望揭开人们行为的原理，能够从任何人的身上发现人类共性的模式。他超级发达的大脑永不停息地在思索、探寻、分析、总结。他最大的乐趣是钻进别人的头脑，看他们在想什么，为什么这样想。新颖的经历让他愉快，与众不同的事物能激起他的兴趣，如果有可能，他甚至会和你互换性别。

他是十二星座中真正的内心潇洒、坦荡、无私无畏、让人敬重的男人。他的内心潜藏着慈善的使命，他是博爱思想的源泉，他反对种族歧视、性别歧视、年龄歧视、动物歧视等等，他对于整个人类、社会和其他生灵的关心比对自己还更有兴趣。他没有高低贵贱的世俗概念,可以把任何阶层的人都当成自己的朋友。他喜欢形形色色、三教九流的不同的奇人怪物,能够客观地看到每个人的闪光点,能够公正地看待每个人的相对价值。

虽然他感情淡然,却非常珍视友谊,是个难得的好朋友,没有太多的私心和个人小算盘,还可能为了集体、别人的利益牺牲自己。他是每一个人的朋友,但很难有人真正地走进他的世界,即使与你在爱情的世界中,他也常常置身境外,好像一个观众在观赏一些令他陶醉的画面。

他很难走进现实主义的群体,他更关心生活应该是什么样,而不是生活现在是什么样。他常常把生活理论化,他的理想在现实社会中常常被击得粉碎,但是,他依然顽固不化。正是他们高尚的理想,造就了林肯、罗斯福这样的政治家。

尽管他看起来不是一个强权、霸道、充满了支配欲望的人,有时他甚至还很温顺,但他是最古怪、最难以预测的生灵,他总能够让你大吃一惊。他如此地合群、友好,但又不畏惧孤独,还强烈地需要、寻求属于一个人的时光。孤独让他和宇宙间奇妙的生灵交流,让他获取了各种正常的大脑不能产生的稀奇古怪的思想,正如爱迪生用身体孵小鸡、达尔文想到人是由猿人进化而来的一样。

你永远猜不透他,他就像是这个世界的局外人,你常常在不属于他的位置上发现他。他属于人类的每一个人,又不属于任何人。

他的喜好

他喜爱寻找、探索任何自己还不知道的事情,渴望自己能够

有任何还没有过的体验。他喜欢自由自在，不受任何人的约束，喜欢动脑筋的思想交流，希望钻进别人的大脑里，如果可能他会和世界上任何人交换位置（哪怕是改变自己的性别），以找出别人行为的理论模式。

他喜爱集体活动，这样他就忘记了自己。他也喜欢琢磨自己，喜欢属于自己的孤独的时光。他喜欢意想不到的突然变化，喜欢稀奇古怪的朋友，喜欢彩虹、梦想、魔术，喜欢天文学、心理学。

他不喜欢过于密切的情感，不喜欢别人走进他的私人空间，不喜欢暴力和斗争（只有在为了自由时，他或许采取暴力），不喜欢传统的权威，不喜欢夸张，不喜欢被支配、控制、占有。

他的基本需要

他需要极大的自由，这是他能理性生存的必要条件。身体上的自由、思想上的空间和心理上的距离，对于他如同生命一样重要。"生命诚可贵，爱情价更高；若为自由故，二者皆可抛"，是水瓶座男人的典型写照。

他需要试验不同的生活，人生短暂，对他来讲，人生的任何事情都值得试一试。他或许会坦然地、像实验员一样津津有味地体验他认为值得尝试的女人。

他的畏惧

他畏惧没有进步、停滞不前、没有变化的生活，害怕被拘定

在一个僵化的环境里。他必须感觉到他有足够的自由和空间,他害怕自己的大脑不能够飞翔,害怕没有对不同事物的实践和体验经历。

他仿佛天生就有"近距离恐惧症",过于密切的关系就像是窒息了他自由的呼吸。让你感到密不可分的亲密,却使他感觉到如同是受到拘禁的笼中之鸟。他害怕看不到自由的希望和光明。

他渴望的女人

他渴望的女人是他终身的朋友,一个让他的大脑闪亮、刺激着他的思想的有趣的好伙伴。他需要那种能够让他的思想空间又增加新内容,还能够发现、承认他的原创性思想的女人。这个女人应该先做让他陶醉的朋友,然后才是生活和性的伴侣。

他不是一个被漂亮的绣花枕头和性感的天使所奴役的男人,他会更迷恋那些睿智、独立、有着宽广的思想境界和独特个性的女人。如果你能够打开他的思想大门,你就是他眼中最具有诱惑力的美丽女人,他不为世俗的眼光所左右,不在乎你是什么背景,你受到什么教育,你长得什么模样。

在感情上他天生就是一个淡然的生灵,他的理智让他不会像狮子座、天蝎座、白羊座、双鱼座那样荡漾于爱情的海洋,你不要渴望你们立刻就成了不可分离、亲密无间的情人。

他几乎是十二个星座中最具有人文思想,最能够为了女权而战斗的男人。但是,他也是最难以被束缚的男人,把他捉进稳定的爱情鸟笼中的难度不亚于捕捉花蝴蝶双子座、野马射手座。完全把自己交给一个女人对于他来说无疑是一个挑战,大多数情况下，他不愿意过早地被关系束缚而失去了自由。若想与他结发到老，你就应该有准备慢慢地进行。

他渴望他的女人不但能够给他空间，给他自由，也要像他一样独立自由，他无法承受一个在情感上不能够自我保障，以男人为生活支柱的女人。他渴望他的女人是一个具有学习能力的人，她必须热爱探索未知，热爱尝试任何新思想，热爱剖析新事物，用创新的、甚至是古怪的思维方式看问题，这样的女人就会和他有思考不完的问题、做不完的事情、消耗不尽的兴趣。

他希望女人不要有强烈的嫉妒心，允许他与别的女人保持良好的关系。这并不是由于他情感变化多端，而是由于他需要更多的新概念充实他的大脑，只有一个有智慧、有知识、超越现实的女人能够让他情感稳定。

他这样陷入爱情

他既不狂热地追求你，也不设置陷阱，或者等待着你采取行动。在与他的思想交流中，你禁不住被他的睿智所吸引，他也就理智、淡然地陷入了爱情。

他会很快地捕捉到你的兴趣和理想，让自己调节到与你"志同道合"的轨道上。他是一位非常好的朋友，他的友好性情让你轻松愉快地与他共同畅游在爱河中，他超凡的大脑让你天天都可以学到新东西。尽管他是一个有民主思想的男人，但这些不妨碍他在你们的关系中占主导地位。

他会把你当成一个同性的朋友，毫无顾虑地与你谈论他过去的女朋友，不是他对旧情人难以忘怀，而是他的大脑不会理解女人的嫉妒是什么东西。他常常诚实地告诉你事实的真相,他相信诚实和交流是最重要的,为了真实他也不惜伤害你的感情。他会告诉你很多稀奇古怪的念头,比如他心中向往某个性感的明星,以至于你会认为他是一个浪荡的坏男人,但是,他仅仅是不懂得什么是隐藏。即使在你们激情澎湃的时刻,他还能友好、真诚地让你知道,他并不相信法定的约束是婚姻关系的保障,他不知道自己是否能够长久忠于爱情,稳定、持久的爱情只是人们美妙的幻想。

他不会整天在你的耳边甜言蜜语,不会用感情的词语点燃你,但是,他把关注和忠诚都留给了你(至少是在他与你相爱期间)。你会感到他对你的极大兴趣,他不把目光定焦在你的外表,但无时无刻不在处处研究你,像观测实验室的动物一样陶醉地观察你,他可能分析你所说的每一句话和干的每一件事。他可能会问你一些客观、科学、让你费心思的奇怪问题,即使在花前月下、春光怡人的花园、灯红酒绿的酒吧,他还能与你探讨飞行物、天外来客等与浪漫毫不相关的话题。

他不会天天和你厮守在一起,他有广阔的朋友圈子,你只是其中的一个。与他的朋友相处,你会突然发现世界上有如此之多的有趣、古怪的生灵。他有"近距离恐惧症",很难被强烈、亲密的感情所束缚,他更喜欢有些距离的爱情关系。不是他冷淡,而是他需要自由的空间以便获取不同的经历。尽管他表现得好像很能调情、很不忠诚,但是,他可能更感兴趣的是发现别人的思想活动,而不是别人的感情。

如果你试图用情感的链条把他牢牢地拴在稳定得像城墙一样的关系中,他就失去了转动的空间,他会不顾一切地挣脱你。

他的性欲望

他不是一个激情荡漾、情深意长、卿卿我我的人，不像一个典型的野生动物那样被原始的性欲望驱动，他高度文明、进化、理智，对他而言性也意味着一场智力、思想的交合体验，而不是简单的情感爆发和肉体的交合。他需要的性与他的思想激励紧密相连，他的敏感部位不仅仅在于他的性感官，还在于他的大脑。因此，不刺激他的大脑就不能够完全调动他的情绪。他常常为你奇特的思想、闪亮的语句而陶醉，而不仅仅迷恋于你的身体和美貌。他可能更有兴趣与你去探索那些超出你们生活范围的问题，你超乎常规的思维、不同寻常的世界观就可以点燃他的欲望。

通常，一场有趣的、激烈的争论是他的性欲望的前奏曲，越异想天开、越离奇，他的思维就越活跃非凡。他大脑开放，善于想象、描述稀奇古怪的、野性而放纵的性方式。但是，他的身体并不像他所表白的思想那样自由。

他不喜欢规律，喜欢新异的方式，喜欢大吃一惊，也喜欢让你震惊。不断地发明创造、制造难以预料的情景能够长期保持他的兴趣。他不是个作息正常的人，不要期望性生活是每周固定的活动。他也许有过头脑发热，每天都需要你，但不久可能又会突然消失。有时，他半夜醒来，突然有了激情。与他相处，要准备接受他时冷时热、时松时紧的古怪习性。

他不是一个情绪化的能轻易被感情驱动的男人。他不一定被你的深情厚意所点燃，但是，却时不常地被你出乎意料的惊喜打动。他也不是个强烈地受到肉欲支配的男人，他的本能常常伴随着理性。这并不意味着他不会红杏出墙,恰恰相反,他是臭名昭著的"实验主义者",他有实验人生的态度,当然也包括性的实验。如果他要出格,并不是他的本能超越了理性,常常是他的理性指导着本能去体验不同的女性。

如果你渴望的是那种雄悍男人,如果你对自己的身体比你的大脑更加自信,如果身体的需要大于思想,他会很快失去对你的兴趣。如果你不能够增加你的知识,不能激励他的思想,而是渴望做爱至黎明,你就可能不是他理想的女人。

他让你爱

和他在一起,你永远不会感到乏味。他大脑中的新花样和古怪的念头让你目瞪口呆,他的大脑永远不会停滞在现在,他的思想至少超越了时代五十年,你会骄傲地感到他具有获得诺贝尔奖的潜力。他有无穷无尽的原创的思想和主意,如果能够实现,你们就不用为了生计担忧。

他善于理解形形色色的奇异的人和事,他有各种各样的朋友。他毫无怨言地帮助任何需要他帮助的人,并且不求回报。他不为世俗生活的目的和价值所折磨、困惑,不受传统观念的限制,有与众不同的生活观,心胸坦荡,没有偏见,为人真诚客观,活得轻松、超然。他是个懂得真正的自我价值的男人,他永远地寻求真理,"真理使他自由"。

他也让你轻松自由。他给你自我的时间和空间,还帮助你发现自己的潜力。他分享你最野性的梦想,欣赏你最古怪的一面,他和你一起做最出格的乐事。和他在一起,你不用焦虑没有化妆,不用担忧不够美丽,他不在乎你变老了、体重增加了,他处处欣赏你,给你自信,让你感到做一个不同寻常的女人的骄傲和愉快。他也是你最好的交流者,他的任务和乐趣就是倾听你、观察你、研究你,他让你体会到自己的重要性。

他不是一个把情种播撒四方的男人,在内心深处,他并不是一个花花公子。他是你难得的好朋友和激励你进步的男人。

他让你恨

和他建立了爱情关系,让你感到如同没有关系一样。你无法真正走进他的世界,他不展示给你情感,像一个冷血动物。他不是那种亲密无间的男人,他常常冷落你,你可能不能够天天和他见面,他不喜欢你有很多的要求和限制。

他缺乏激情和浪漫,仿佛把你当成一个同性的朋友,他喜欢书超过了喜欢你。他不懂得女人的弱点,对你的情绪变化毫无察觉。他不在你耳边轻言细语、情话绵绵,你感觉不到令人陶醉的爱情。他不可预测、莫名其妙,有时古怪得到了任性、不计后果的程度,有时对你突然像对一个路人一样冷淡。他缺乏敏感,自以为是,事事要经过理性的分析,事事都要做主。你永远琢磨不透他的大脑,他高度智慧的大脑善于游戏,他会为自己的目的去诱惑、操纵别人。

他难以被限制在你的生活内容之中,他让你嫉妒,他有太多的朋友,甚至他和前女友还保持着友好的关系。

他脱离现实,生活在自己的理性王国之中。他太自由自在,没有野心和抱负,没有责任心。他不关心社会主流趋向,不热衷于追求仕途和金钱，却关心那些与自己毫不相关和不挣钱的事情。他对社会和对别人的关心胜过了对你的关注，他仿佛不属于你，而属于他所认识的每一个人。

如果你想吸引他

他是一个大脑高度发达、智商极其高的男人，是超越了现在这个时代的思想先驱。诱惑他的身体远没有打开他的灵魂那么容易，触动他的思想就是打开他的灵魂的钥匙。他能够轻而易举地被思想丰实、睿智理性、性感独特的女人所吸引，你越超凡、越古怪、越与普通的女人不同，他对你越有兴趣。

❀ 你穿什么？

对他来说，当他发现你是多么值得交流时，无论你的外表是什么样，你都远远比一个美丽、性感的绣花枕头式的女人更有诱惑力。如果你能够博得他对你的思想的赞赏，你就得到了他最大的恭维。

❀ 在哪里约会？

在咖啡店和他进行精彩、高效的交流。他不喜欢浪费时间，通常，除了发现新思想，其余的活动都有浪费时间的倾向。和他约会后，你再回家饱餐一顿。

❀ 和他谈什么？

他喜欢讨论任何与他个人不直接相关的事情，他喜欢思想博大、想法古怪的人。你最好先去学习用奇特、古怪的思维和惊人的语言，告诉他你有与众不同的爱好：你喜欢星相学，你在学习心理学，你主张环保，你赞成绿色和平组织，你在做慈善事业

（但是不要撒谎），你把地球当成一个小小的村，你关心着世界的新局势，联合国何去何从，人类是不是外星人的实验品，怎样发明、防止计算机病毒等等，那么，你就成了让他陶醉的美酒。

如果你想与他长相守

这样做：

只把自己当成他的朋友，学会先做他的朋友，再期望是他的情人。

给他足够的个人空间和自由，让他自由地安排自己的时间和空间。

最好能够经常开门见山地、坦诚布公地、理性地与他交流思想。

用独特的、他所没有的思维方式看问题。

倾听、接纳他的任何古怪思想。

告诉他你的任何胡思乱想的、古怪的想法，对他来说这都是有趣的、不平凡的思想。

给他足够的惊喜和惊吓，他喜欢预料不到的事情。

经常看书，增加自己的知识。

学会料理家务，自我独立。

不要这样做：

一定不要试图约束他的个人行动、心理的自由。

不要期望你能够独自占有他。

不要期望天天和他黏在一起。

不要对他有过多的要求，应该像你没有他的时候一样。

不要成为他精神自由的包袱，不要频繁地给他打电话。

不要期望你是他生活中唯一感兴趣的女人，不要介意他与以前的女友保持友好关系。

不要渴望他很快就能够完全投入到与你的关系中（即使你比他还聪明！）。

如果你们分手

✂ 他想和你分手

一般而言，你不会轻易抛弃他。或者在你厌烦之前，他就先感到窒息。他也是臭名昭著的难以预测、没有常性的男人，他通常会由于感到自己的自由受到了限制而离开你。你的占有欲望越强烈，就越会触犯他内心深处对自由的渴望。他会坦然地告诉你他的决定，或者他会突然地离开你，一夜之间，他就能够像陌路人一样冷淡，仿佛什么都没有发生过。通常，他是一个固执己见的男人，他轻易不会再回来。除非你一夜之间灵魂再生，变成了思想大师让他仰慕不已，他或许会回头。否则，你只有接受他的决定。但是，在婚姻中，他并不会轻易离婚，因为他本身就很难完全走进婚姻。

✂ 你想和他分手

这是和水瓶座谈情说爱的最大好处，你不用为了如何摆脱他而发愁。你只要给他足够的理由，最坦然地告诉他，不想被爱情关系束缚，"我需要自由"，他最能够理解你这种渴求。虽然他会有挫伤的感觉，但是他知道如何理智地处理自己的感情，他不会痛不欲生、悲痛欲绝，也不会追随着你到天涯海角，甚至他都不情愿到门口去留住你。他通常能够接受，甚至还会与你保持良好的友谊。以后你有困难时，你依然可以得到他的帮助。还有更简单的方法，你只要消失几个星期，不给他信息，通常他就会明白你的意图。

调整你的期望值

　　他能够彻底地震荡你的思维，他是一个探索人生、宇宙的好伴侣，他有开发不尽的智力。如果你渴望体验不同角度的人生，他能够打开一扇奇异的大门。他让你感受到来自男人头脑的吸引力远比那些泰山式的雄武体魄更加性感，他在思想上激励着你，让你的思想也日新月异。如果你是个有许多兴趣和思想的女人，他是你在人世间最好的搭档，是你最好的朋友、情人、爱人。

　　但是，你要明白，他不容易被世俗间既定的关系和条约所束缚。这并不是说他不愿结婚，他喜欢各种人的各个方面，单一的关系需要他长久的考虑。不要渴望他会努力谋取功利，如果他渴望，他的才智足以让他得到他想要的一切，但是，他缺乏这种渴望和驱动力。

　　如果你没有足够的自我保障和安全感，如果你需要稳如泰山、安定得可以看到他的明天的男人，如果你寻找诗情画意、激动人心的浪漫，又常常被嫉妒感缠绕，你可能只好另找出路。

谁最适合他

水瓶座女人：

你们一样的淡然，没有比你们两个更古怪、和谐的关系。是情人、是夫妻对于你们都无所谓，所以，不常常看见你们在一起。

双子座女人：

你们都是大脑的产物，都需要空间，都生活在自己的理性支配之下。你们来自相近的星球，你是他最易于相处的伴侣。

天秤座女人：

你们也是和谐、理性的好伴侣，他比你还淡然。不要渴望他总能够产生浪漫的小情调。

天蝎座、双鱼座、巨蟹座女人：

你们如同鱼儿和鸟儿，互相倾慕。但是，如果你不游出水面，他不落到人间，你们就无法相会。克服你敏感的情感，理解他的淡然，你们是最能够互补的一对。

白羊座、狮子座、射手座女人：

他最能够欣赏你可爱的自我，他给你一个展示的舞台，他陪你冒险、倾听你的故事。你们是天生的好伴侣、朋友、情人。

金牛座女人：

他和你天上人间相遇不容易。

处女座、摩羯座女人：

你们一样的理智冷静，爱情中的挫折会被理智地化解。不要用你的现实把他拉回人间，他需要你给他生存空间，让他为你出谋划策，倾听他的思想，珍惜他的大脑，把它们用于实践就能产生金钱。

英格丽如是说

智慧赋予一个人远见和胸怀,有智慧的女人不放弃自己的生命发展。智慧不是技巧,智慧能让你洞悉爱情的动机和后果。很多爱情的悲剧是由于缺乏安全感,渴望爱情作为生活中的安全保障,渴望外界的力量来消除孤独、寂寞。人间多少悲欢离合的爱情故事都告诉我们,当年至死不渝的爱情会随着时间淡化,没有任何合同、法律、个人承诺能够保证爱的持久不变。没有智慧,而把希望寄托于被他人所爱,而放弃了自爱的源泉,爱情的失败,婚姻的破裂,都是试图教育我们学会自爱,我们才能够懂得爱别人,而不是占有、统治、支配对方。

理解你的双鱼座男人

双鱼座（2月19日—3月20日）

他是十二个星座中最复杂、
最模糊不清、最浪漫的男人。

他是一个来自天堂里的梦想家，有着诗一样的灵魂。他一双扑朔迷离、水一样的眼睛，带着男人少有的浪漫的期待和神秘的渴望。他不是生活在乏味、冷酷的现实中的人，只要有机会，他就会飘荡在云雾般的幻想的天堂。

他富有博爱的胸怀和宽容的精神，有海洋一样宽阔、跌宕不定的感情。他有着善良的心肠，对落泊失意者充满了慈悲情怀。他看起来迷糊不清、没头没脑、没有逻辑、没有目的，但是，他却有超人的敏感和神秘的第六感觉作导航，是富于幻想的创造天才。

他看穿了人生的悲欢和终极目的，看起来一副无助、柔弱、任人宰割的模样，但是他狡猾、诡秘。正是他的软弱的逃跑主义，让人们忽略了他的能力，这也成了他制胜的秘密武器。这个狡猾的鱼儿实践经验多，他好像不斗争、不努力，但是什么幸运的好事都没有少了他，好像上天宠幸他温柔的天性，他总是在上天的配合下麻醉了别人，不知不觉、随波逐流地安排一切。

他没有坚强的意志和忍耐、承受力，也没有强烈的功利主义，他用玫瑰色镜看待生活，通过艺术、幻想的世界去寻找自己的天地。有时，为了超越冷酷的现实，他寻求梦境中灿烂的光彩，沉湎于烟酒、女人也能够让他到达梦想的世界。他的内在世界总是敏感、多情，无论感情还是行为，他都变幻无常，就像一个随着光线变化色彩的变色龙。他的天才来自他的感觉，他根本不愿意用理智去分析，只要感觉不愉快，他就会立刻逃跑。

他的性格如同他的符号——两条游向不同方向的鱼，可能会升华到高尚的境界自我牺牲，也可能会沉到海底去自我堕落。一方面，他随波逐流，不愿意面对冷酷的现实，很难逆水而游，在困难的处境之下，他是一个逃跑主义者；另一方面，他没有强烈的功利主义，似乎不容易在残酷的政治领域和商界中成功。但是，一旦他走入商界和政界，他有让人出乎意料的生存和取胜的能力。这些都是来自他与生俱来的"大智若愚"的佛性。他很少自私自利、以自我为中心，他有宽阔、博大、仁慈的人生智慧，他用心灵感应和灵敏的直觉准确地把握方向，引导他在激烈的竞争世界不战而胜，走向杰出，那时候，他是浮出水面的鱼。

他不完全诚实，总是扑朔迷离地让你琢磨不透，仿佛他是刻意欺骗你。但是，连他自己也不明白，他到底要什么，他想干什么，他的出发点是什么。他也不了解自己，因为他的大量时间用来使他自己更迷惑。他是现实生活中一个脆弱的"糊涂虫"，不但容易被迷惑和欺骗，还善于自欺欺人，他最拿手的是迷糊他人的催眠本领。

他没有强大的自我，他博爱、温顺、宽松、善良，有不可思议的结识新朋友的本领。他没有强悍男人的支配欲望，更没有死不改悔的大男人作风。他对人一视同仁，不计较小节，还能够放弃自我，改变自己去符合别人的需要。

他没有清晰的处事原则，缺乏辨别力，又不受现实和道德的约束和规范，常常不能坚持立场和原则，经不起诱惑而变化无常。他是个随风而倒的"墙头草"和变幻不定的变色龙，再加上他迷迷糊糊的个性，这让他成为十二星座中不可靠、最难以把握的人。当你得到这个"狡猾的双鱼"，你就明白自己"花了一份钱，得到了两条鱼"。

他的喜好

他最喜爱的事是迷恋、醉心于那种带有感官愉快的新恋情。

他喜欢带有神秘色彩的事物,喜欢蜡烛、水晶、香薰、庙宇等,喜欢浪漫的景点——夕阳下的海岸,潺潺的河水,月下的池塘等所有模糊的、让他幻想无边的地方。他喜欢音乐、诗歌、戏剧、电影,喜欢能够理解他梦幻的人,喜欢时不常地孤独地冥想,钻进他梦想的世界。他喜欢新书,喜欢色彩斑斓的事物,喜欢海鲜、酒、个人礼品。

他不喜欢残酷的现实,不喜欢斗争、冲突和艰苦的体验。他不喜欢过于明亮、太清晰以至于无法幻想的环境,不能够忍受肮脏、丑陋的物品,不喜欢别人太了解他。

他的基本需要

他需要迷惑自己以逃离现实,需要回归宇宙。他的灵魂需要飘荡在像诗一般的云雾中,他需要让他迷幻的经历。如果可能,他会生活在四维空间,生活是如此的梦幻,他永不会感到空虚、乏味。

他需要智慧、浪漫的情感,他无时无刻不需要让他陷入爱情的女神,爱情越多、越长,越是他的天堂。

他的畏惧

没有比残酷的真实世界里的乏味平凡、常规不变、沉闷窒息更让他畏惧的了,这一切都会使他美丽、脆弱的心灵衰竭。但是,这个最柔弱的星座却有奇特的本领来逃避乏味和沉闷。

他畏惧拥挤、残酷、竞争、高压的社会，他会寻找各种解脱的方式来逃避。但是，他又无所畏惧，因为，他有自己的巫术一样的本领来脱离任何糟糕的环境。即使在拥挤不堪的公共汽车、地铁里，他也可以一个念头就立刻逃到自己的幻想世界里，他的心灵就开始神奇的漫游。

他渴望的女人

他是一个梦想家，他需要神秘的魔术般的女人，因为这样的女人能够调动他强大的潮水般的情感世界。他渴望的女人是个女神，而不是现实生活中一个活生生的、需要他照顾的女人。他需要一个能够让他寄托梦想的女人。这个女人要有能力带领他进入幻觉世界，能够制造神秘让他生存，让他感情迷乱而进入梦乡。但是，她必须是他感情的支柱，她要值得他放弃自己的一切，她不一定漂亮、性感，但她要有女神一样的神奇能力和诱惑力。而且，他缺乏现实生活的能力，他需要那种强大、自信、独立，在现实生活中有支撑力的女人。

他是飘然、变幻、如同云雾一般的浪漫男人，他能够在一分钟掉入爱河，半分钟就爬出来。一个女人如果想让他继续在爱河里畅游，需要让他感到在感情上离她永远有一段不可触及的距离，当她过于亲密，她就失去了女神的诱惑力。她越像一个不可获取的女神，就越有魔力，他就越兴奋激动。

他是天生的情人，但是他不一定想品尝"丈夫"的滋味。通常，他很难早早地在人间安居乐业。他渴望这个女人还能够和他一样，生活在幻想的天堂。这个女人要承受得住他感情上的无底洞的需要,他可能会非常地黏人,也渴望她懂得表达浪漫的情结。

他的感情极其丰富、博大,即使与同一个人相爱,他也会在爱情的海面上跳进、跳出多次。他需要一个稳重的、牢固的伴侣,能够任凭他变化多端,都稳如泰山,他的女人要适应他变化无常的情绪,要承受他对事物过度敏感的反应。

他这样陷入爱情

爱情是他伟大的事业,是维持他生命的粮食。没有爱情的海洋,他就好像变成了干枯的鱼儿。

他并不是主动出击、四处搜索爱情的人,而是等待着你送上门来。他有着超前的、心灵感应的本领,他知道你住哪里,会友好地靠近你,然后被动地等待着。多数情况下,他神秘、浪漫的气质,温柔的性格,迷茫的神情都是他捕猎的武器,你像被催眠似的成为他的俘虏,你不得已先迈出了关键的一步。

他是天生的"爱情宝贝",他的直觉能够洞察到你内心情感的河流,创造出你意想不到的浪漫。他能不断地调整自己以取悦于你,给予你一个女人应有的一切自尊和骄傲,让你感到自己是维纳斯下凡。他用美妙的玫瑰色镜看待你,你在他的生活中如此的重要,他会喃喃不停地向你倾诉他的感情,为你写火热的情书,讲温柔的情话:你是他的生命,你是他的女神,你是他生命延续的理由,你是他人生的光芒,你是他情感世界中的女英雄……尽管他看起来一副无助、脆弱的样子让人怜悯,但是爱情的力量能够使他克服一切问题和困难,他会放下自己来帮助你。他在感情上非常地依赖你,他不断地要你确证他仍然被爱。他并不是完全要占有你,如果你告诉他你要去会以前的恋人,他不但不会愤怒,还会努力去理解。如果他发现他的对手会使你更幸福,他也许会悄然消失。他不会为得到你而决斗,他随时会随水漂流到另一块爱情的小岸,开始他的新梦幻。

他确实像个难解之谜,让你琢磨不透。他有些不可靠的行为,常让你感到困惑,比如几天前他对你充满情感,几天后,他就逃之夭夭,再过几天,他又回来。他可能很难和你谈到婚姻,他并不想生活在世俗的现实之中。那种繁琐、平凡的家庭生活会把他从浪漫的梦想中唤醒。他可能不愿过早地迈进婚姻大门,他会要求推迟,更多的情况是他会茫然地逃避你的问题,直到你忘记。

他需要经历感情上的波动才能安定地进入婚姻。

他的性欲望

他的浪漫如此臭名昭著,以"多情之鱼"而著称。有人说,他的情史可能比十二星座单身男人的加起来都要多。但是不要以为他的性动力也符合这个公式。你大概不可思议,他是十二星座中在性方面最不进取、最不主动的座。

他是个温柔、体贴、关怀、充满情感的男人,不是那种粗暴、雄武的动物。他不追求强烈的身体感受,更不把性作为人生的游戏或者支配权力之争。他的性渴望是一场浪漫的体验,而不是动物的肉欲和胜利的占有。这个爱情的动物真正享受的是在性活动中对于爱的传达和接受,这并不难解释,这个情感丰富的鱼早就把他的能量消耗在情绪的表达中。这并不意味着他没有性欲,恰恰相反,他有可能会性泛滥。但是,这也不意味着他真正想去占有更多的女人，他不过是用性带来的神魂颠倒的感觉来脱离世界罢了。

在性的方面，他宁愿被主动的女人引诱，暗自渴望被动地献出。天生的一副基督献身拯救人间的精神，使他在性中也会带有温柔和慈悲之心，能够把自己最深切的爱和关怀通过性传达给你。他敏感、温情，喜欢让你高兴，为了取悦于你，心甘情愿地放弃自己，他的幸福是渴望把自己变成你需要的任何目标，他可以是你的奴隶、仆人、侍卫和玩具……没有别的人能够像他那样神奇、热烈地投入到自己的角色中，随你摆布，甚至折磨。

他是个不可思议的魔术师，能够把你带到你从不敢想象的浪漫幻想之中。他有高度的直觉，能够把握女人的情绪和需要。他的这种天才让他与性欲强烈的女人在一起更觉愉快，他仅仅让自己的头脑漂游，进入他情色的幻觉就够了。

他让你爱

他是十二个星座中最具有同情心、最敏感地感受你的情感、最善良、最关心你、最浪漫的男人。

他有浪漫的情调，沐浴在爱河中，他会让你感到你是他从未有过的爱人，你会兴奋地觉得自己仿佛是一个天真的少女，刚开始初恋。他有着超人的本领去创造一个超出现实的浪漫奇遇。他能让你感到，突然间，你的生活是一段美妙的音乐与诗的交织。

他能够放弃自己去满足你。他懂得如何宠爱你，把你当成他的公主，能够承受着你的任性和胡闹。他有敏感的直觉，是个懂得女人心理的理想情人，能够敏感地察觉你细微的情感变化，体贴你,关心你。

他有巨大的幻想能力,天生就懂得艺术的秘密。他有品位,热爱艺术。他不霸道、不独断,甚至甘愿做你爱情的奴隶。

他带着你寻求精神世界的发展,他打开你重新看待人生的大门,你会感到他是你今生今世寻求的灵魂伴侣。他宽宏、博爱,柔情似水,对弱者充满了同情心。他能够牺牲自己,让他人快乐、受益。他不吝啬,对你慷慨大方。他有超越现实的大智慧,宽宏大量,仁慈善良,有时像是人间佛的化身。

他让你恨

他是一个可怕的醉心于幻想的逃跑主义者,不能够脚踏实地地生活,缺乏坚强的意志和自我控制的能力,为了逃避现实,他用美女、酒精麻醉自己。

他不负责任、不忠诚,你不能够在关键的时候依靠他。他不仅仅在感情上放纵自己,在遇到困难时,他还精神脆弱、涣散,经不起严峻的考验。他放任自流,不愿面对现实,宁肯麻醉自己也不努力改变现状。

他是个谎言家,具有天生的骗人的本领,随时随地可以没有目的地撒谎。他狡猾、多变,伪装成一副无辜、无助的样子。你永远也不了解他,他有太多不可思议的秘密,比电影里的故事还离奇。他的情感不稳定,有时用情感放纵来操纵你,展露不可控制的吓人的激情;有时又用自我摧毁的方式来对付你。他是个变色龙,到处播撒爱情,只要你没加注意,在任何时候、任何地点,他能够和任何人调情。

他的生活简直是一团混沌，像个没有生活能力的婴儿。他不懂得什么是节制，什么是纪律，你就像是为自己找到了一个可怜、无助、不可调教的大孩子。你必须要具备处理现实事务的能力，你不但不能依赖他，他还像个吸血鬼一样吸取你的一切，让你感到精疲力竭、心血耗尽。

如果你想吸引他

诱惑他，并不是太难的事情，因为他随时、随地都希望并能够被人诱惑。

他需要你能够调动他内在的、孩子般的对于童话世界的渴望，你越能够让他脱离现实中的乏味，他就越被你吸引。你要表现得不平凡，必须保持浪漫的灿烂，就像一个下凡的女神，机智、风趣、自信、独立、强大，不落入生活的俗套，你越难以被取悦，他就越希望拜倒在你的脚下。

❧ 你穿什么？

他的世界里呈现着五彩缤纷而又柔和协调的神话色彩，他很有艺术品位，对于色彩极其敏感。他并不像狮子座一样喜欢"西红柿炒鸡蛋"的大红、大黄、大绿，你应该穿得使你看上去如同飘逸的仙女，披挂着柔软的半透明的轻纱，就能在视觉上把他带入兴奋、愉快的状态。

❧ 在哪里约会？

他很喜欢浪漫、温馨的环境，你应该选择一个浪漫的地方进餐。他不在乎吃的是什么，但是他在乎和你在一起的美妙感觉。即使他只剩下20元钱，去到星巴克坐一坐也比在小吃店填饱肚子更能让他进入状态。

你们可以去戏院、电影院、教堂、寺庙,或者投身于风景怡人的大自然,和他在乡村的小路上散步,在海边看夕阳。

❧ 和他谈什么?

任何神秘的事情,星相学、心灵感应、未卜先知、宇宙的起源、你和他的前世之缘,等等。告诉他你是能够看见另一个世界的人,看一看他的反应。

如果你想与他长相守

❧ 这样做:

做个独立、强大的女人,他需要崇拜女神。

要超越现实生活,每天都创造出浪漫的情节,让他进入幻想的世界。

给他一定的孤独的时光,他需要自己进入冥想来脱离现实。

与他去水多的地方,河边、海边、湖畔,那是让他轻松愉快的地方。

他需要不断地被你鼓励,要经常表扬他。

经常去电影院、戏院,让他有个逃离现实的机会。

自己要有能力处理家务事和生活中的琐事。

❧ 不要这样做:

不要依靠他,无论情绪上还是琐事上。

不要做出粗暴的举动。

不要批评、挑剔他,他敏感、脆弱,易受到伤害。

不要对他施加压力,他难以有规律地生活。

不要向他抱怨生活中的烦心事,他敏感,易于体验到别人的痛苦。

不用让他随时都能够得到你,你越难以得到,你就越是他心中的女神。

如果你们分手

❦ 他想和你分手

乏味无奇、落入现实是他的致命天敌,一旦一切都成了稳定不变的现实,他就失去了对于女神形象的梦想,即使他还在关系中,他的心也会感到衰竭。通常,他会像一条狡猾的鱼随波逐流地游走。如果他莫明其妙地开始疏远你,他可能遇到了另一个女神,已经不知不觉走进了与另一个女神的关系中。大部分情况下,他不是冷酷无情、没有同情心的人,他没有顽强的意志,也不希望伤害女人,不会真实地坦白他的处境。他甚至会美好地幻想,他可以用他的友情代替已经过时了的爱情。很多情况下,他的优柔寡断使得情况更为复杂、混乱,尤其是当女人表现得悲痛欲绝时,他就会努力地不伤害她,当断不断的结果会使结局更糟,最终他还是要游走。很多双鱼座男人由于善良而制造了一团混乱的关系,每一个相关的人都感到备受伤害。

❦ 你想和他分手

如果你要与双鱼座结束关系也并不容易,当他还没有失去对你的梦想,当他的感情还没有耗尽时,他很依恋你,他的柔弱和无助能够"悲天悯人",他会自责没有让你幸福,他要用感情的缠绵使你相信,他能够变成你渴望的人,他会为你做出一切牺牲。他的悲伤会让你永远背上内疚的负担,有时,你不得不用极端的方法在感情上伤害他,以便解脱自己。不过,不用为他能否从感情的打击中恢复过来而担忧,他有着惊人的自愈能力。他可能比你想象的要快得多地游到另一条爱河之中,他也不会牢记"深仇大恨",会很快就原谅了你。

如果你想让他离开你,你不得不表现得粗野、冷酷一些。通常,他有牺牲自己来赎罪的精神,会忍受痛苦来拯救你。但是,如果你让他感到你不需要他拯救你的灵魂,你已经不可救药,完全丧失了女人应有的同情心和善良,不喜欢小动物,憎恨小狗,折磨小猫,亲手杀死小金鱼,等等,他就不会再来找你了。

调整你的期望值

和他在一起,你可以忘掉现实生活,他可以随时随地给你女神的待遇。如果你是一个独立、自信、勇敢的女人,如果你渴望体验神话中的浪漫,如果你需要被男人当成掌上明珠,他是你最好的选择。

但是,有一天,你需要回到现实,你要自己处理现实生活中的事情。你不能期望你什么都能够得到,不能期望他是一个安全可靠、对爱情持之以恒、让你永远感到安定的人。尤其不要期望未来的安全保障,不要期望他会处理各种繁琐、杂乱的生活小事,也不要期望他能够为了功利而奋斗努力。他不是为生活在现实之中而来到世界上的。他需要生活在他自己制作、导演的戏剧中。他常常自相矛盾,你不要期望他是一个始终如一的人。你不要尝试明白他,你需要明白的是,他自己都不理解自己,更何况是你?

　　你应该好好地分析一下自己到底需要什么,你将付出什么,你会得到什么? 如果你今天得不到的,以后也别想得到。

谁最适合他

双鱼座女人:

奇怪的是, 你们两条鱼非常难以相遇, 即使相遇, 也难以认识。

巨蟹座、天蝎座女人:

你和他都是生活在情感世界里的动物,很容易就找到了自己情感的交流方式。你们是极其和谐的伴侣。

金牛座女人:

你能够和他水乳交融,你们会有无穷的小浪漫,还不会忘了生活的享受,是舒服、愉快的情人和伴侣。

摩羯座、狮子座、白羊座女人:

你们虽然来自不同的星球,但是,你的强大易于吸引他的注意力。摩羯座,他博大无私的智慧和你的务实精神的结合就是超级成功。狮子座、白羊座,你们之间有不可抑制的性吸引力,浪漫得如痴如醉。但是,要长久发展下去,你们需要理解他的敏感和狡猾。

射手座女人:

你们常常走完了第三步以后才走第一步。强烈的性能量,一点就着。两个难以安定的人,谁都不要求谁。你们的关系最复杂、最宽松、最随意、最不可预测。

处女座女人：

你们不一定一见钟情，但是，易于经受长久的考验。你和他是互补型的伴侣，他需要你的照顾，你需要从他的身上学会放松自己。

双子座、天秤座、水瓶座女人：

你们完全是生活在两个世界的生灵。他的神秘莫测让你好奇，他会在感情上过于依赖你，你们常常相互吸引。如果真正地发展关系，你们需要理解对方、调整自己。

十二星座男人之最

我在英国做星辰心理咨询时，常遇到客户们提出各种不同的问题。大部分在男女感情中备受挫折的女人，都渴望从星辰中找到一个"最完美"的男人。她们提出"什么座的男人最可靠？""什么座的男人最适合结婚？""最体贴人的是什么座？""最可能成功的是什么座？"……

寻找既可靠、成功又浪漫多情的"完美男人"，可能是每个女人神圣的向往，但这种向往也如同神话一样——从来不曾发生过，却一直存在着。

宇宙间的一切都有其正反两个方面，"可爱"和"可恨"如同一枚硬币的两个面，是共存的。每个星座的男人都有自己的"可爱"和"可憎"之处。可靠的男人，可能缺乏浪漫情调；能够体贴人而又浪漫的男人，可能会四处播撒"情种"；一个强大而坚定的男人，可能会是一个让你窒息的"大男子主义者"……在这里，"十二星座男人之最"为那些寻求理解男人的女人们提供参考，衷心希望女人们能够从各个不同的角度看待十二星座的男人。

在 20 世纪，世界星相学家为了用现代科学方法证实星相学的真实性和可信度，在瑞士、法国、英国、美国进行了大规模的统计调查。这些统计的结果，回答了许多女人所关心的"男人之最"。由于统计方式的单一性和变量的复杂性，很多关于心理特质的问题无法用数据表现。如"哪个座的男人容易花心？""哪个座的男人性感？"这里限于篇幅，只好牺牲对那些温和可爱星座的男人的描述，而着重于在某些方面表现极端的星座。

一、公司总裁中，哪个星座的男人最多？

［狮子座］

瑞士曾进行了一次二战之后出生的 770 万人的人口调查。在对职业的统计中发现，公司的执行总裁中，狮子座的男人占最多数。而台湾 2002 年的十大杰出女性中，有七个是狮子座的女人。做个星光闪耀的公众人物，被众星捧月地生活是狮子座男人和女人共同的特性。

狮子座走向公司 CEO 宝座的事实，证实了星相学家对狮子座的认识。他们认为，狮子座有强大的驱动力成为舞台的中心，他们会自动跳出来做聚光灯下的主角。他们成功的秘密更多来自他们不可阻挡的支配和表现欲望，以及热情、光芒直射、慷慨、豪爽的性格。当多数人由于害怕与众不同，或者由于怯懦、腼腆而不敢在公众面前表现时，"天生的戏剧演员"狮子座总会抓住一切机会，跳上"舞台"，淋漓尽致地发挥他们的戏剧表演天才。越是在聚光灯下，越是被人注意，狮子座的表现就越出色。这就是为什么，我们在公司的秘书岗位和服务行业中，难以发现狮子座。即使能看到他们，他们也不会安稳地停留在幕后。我们会在公司总裁的宝座和其他引人注目的位置上，或戏剧舞台上找到他们。

英国一位颇懂得一些星相学的狮子座总裁在雇用总裁秘书时，由于申请人出生于狮子座和处女座的交界上而专门请星相学家进行精确的计算。在确认对方是处女座后，狮子座总裁雇用了她。狮子座总裁的担忧是"我不能雇一位每天需要我的注意和表扬的秘书"。看来，狮子座也深知自己的需要，即使在一个不显著的位置上，他们也需要赞扬和注意。

不要与狮子座共同占有一个舞台，因为你将无法成功地取代狮子座的主角位置，除非你是那些甘居幕后，默默无闻地为狮子座服务的人，或者你是颇有心计、能够精心规划谨慎行事、卧薪尝胆的摩羯座。当然，胸有大志、性格沉稳、善于等待和永不放弃的摩羯座与狮子座共同分享舞台时，十有八九是狮子座在充分表现，而摩羯座才是幕后真正的导演。

美国星相学家以换灯泡的方式为例子，归纳十二星座典型的表现时，他们这样描述狮子座：

"灯泡坏了，谁去换？"

"狮子座去换，只需要一个人就够了，但下面要有一个合唱团为他鼓掌！"

二、美国总统中，哪个星座的男人最多？

[天蝎座]

星相学家在对美国建国以来的总统的统计中发现，生于天蝎座的总统最多。在世界重要人物中天蝎座的数量占有"之最"的事实，并不让星相学家吃惊。星相学描写天蝎座的典型词句是"力量、权力、控制、极端、超越、再生、意志"等等。与狮子座完全不同，天蝎座的驱动力来自于对被控制的恐慌和对极限的追求。天蝎座有坚不可摧的毅力、强烈的意念、不能受制于人的"宁为玉碎，不为瓦全"的高傲心态，他们是"中庸之道"的摧毁者，当他们走上权力的竞技场时，他们绝不允许自己做一个中庸的人物。虽然他们并不像狮子座那样渴望成为人们注意力的焦点，占领舞台中心，但对"受制于人"的恐惧感，使得他们要么不走进政治，一旦走上政治舞台，他们会竭尽全力不让自己处于被支配的地位，出路只有一条——达到极端。从比尔·盖茨的微软发展历程中，我们不难看出天蝎座的超级霸权意识，盖茨的理想是"让全世界的人桌上都有一台电脑"，而电脑的软件都要是微软公司的。他几乎做到了这一点，他推动了人类的进步。尽管盖茨并不是以财富为原动力，然而，正是这种不以物质获取为动力的超人的霸权境界，让他成为世界上最富有的人。

不像狮子座那样喧哗，那样光彩夺目，天蝎座男人们无论在商场还是情场，都会静静地观望，洞察秋毫，被称作具有一眼望到底的"激光的眼光"。但他们绝不像他们表现得那样平静、安详，周围的一切都在他们的视野之内。罗斯福总统的一句话，道出了典型的天蝎座的秘密："扛着个大棒子，轻轻地走！"高度敏感、难以捕捉的天蝎座总是出手不凡，是最难以被击败的竞争对手。星相学家常常建议，永远不要和天蝎座为敌，因为你永远无法战胜他们。这个被死神冥王星主宰的星座连死都不怕，还有什么可让他们畏惧的呢？天蝎座有着超人的忍耐力和承受力，这也是为什么他们的运动主项是长跑、拳击、铁人赛等，那些缺乏意志力的人无法承受的运动。为了掌握权力，天蝎座能够忍辱负重，掩盖他们高傲的内心。克林顿夫人希拉里、布什夫人都是天蝎座。希拉里在过去的二十年中不但忍受着克林顿对婚姻的不忠诚，还在媒体面前公然为克林顿开脱，是什么动力让被称为"侦探"、"鹰一样的眼睛"的天蝎座女人对丈夫的行为"视而不见"？希拉里非常清楚自己想要什么。也正因为天蝎座忍辱负重的特质,天蝎座女人被称为"政治家的瑰宝"。因为她们能牺牲自己,保全大局。

"灯泡坏了,谁去换?"
天蝎座回答:"换它干什么?黑着更好。"

三、公司高层管理者中,哪个星座的男人最多?
[摩羯座]

在瑞士的调查中发现,摩羯座在公司的高级管理决策层中占据的位置最多。世界最大的投资银行美林银行在伦敦分行的一个管理部门,六个人中有四个是摩羯座。星相学家认为,众多的摩羯座出现在管理部门和银行界与星相学家对摩羯座的解析相吻合。与自信、直率、性格明朗和善于表现的狮子座相比,摩羯座是脚踏实地的建设者。虽然威严的摩羯座外表沉着,从容冷静,内心却被悲观的乌云笼罩着。和天蝎座一样,他们也善于观察全局,但他们更为谨慎小心,沉稳地迈出每一步,绝不允许自己盲目地冒险。因而,无论处事还是经商,他们不容易失误。他们不是虚无缥缈的幻想家,也不是陷于风花雪月之中多情浪漫而不可自拔的男人。他们更相信物质世界的成就是自身安全的保障。摩羯座会在拼命地追求物质成就中忘却自己的忧郁,因而,会全身心地投入工作。他们勤奋、刻苦,在一定程度上都享有"工作狂"的声望。但这绝不意味着摩羯座在工作中无目的地陷入在繁忙之中而忘却自己的目标。他们不甘居于别人的统治之下,善于作长远规划的摩羯座,会精心地设计未来并且严谨地执行自己的计划。他们的勤奋和努力终究会让他们有丰厚的成就,最终他们是以成就来接近并取得权力。如果你看过西藏岩羊在陡峭的山崖上攀登的场面，就会深刻地理解摩羯座的内在动力——他们需要在乱石的山崖上一步一步、稳稳当当地向上行进，没有任何事物可以阻挡他们，他们的脚深深扎根于乱石之中，永不下滑。

摩羯座谨慎和冷静的性格不会让他们像自信的狮子座那样，跳跃式地升迁，以个性魅力走上集团的管理阶层，但是，他们的踏实、可靠、实干精神，使他们的每一步都稳如泰山，使他们有着"管理者"、"商人"、"政治家"的名望。他们既有宏伟的目标，又能立足于现实，他们知道自己是谁，该做什么，如何去做，因而能够把商业梦想变成现实。他们有惊人的自制力，意志如磐石一样坚固，冷静得近乎冷酷！他们是不听你"说什么"，只看你"做什么"的人。摩羯座"不相信眼泪"和欢笑。他们不易于被眼前的成就冲昏头脑，不会盲目地挥霍，因而他们的财库不易亏空。他们虽然可能大笔花钱，却有目的在背后。怀疑主义使他们谨慎行事，因而不易让别人找到弱点。在取得权力后，他们会越发感到不稳定，会不停地巩固地位，因而不易从高位上跌落下来。他们的实际操作能力和高超的智谋是他们成功的法宝。星相学家的忠告是"永远不要低估任何一个摩羯座"。无论多么不起眼的摩羯座，无论他此刻干什么工作，总有一天，他会让你刮目相看。

摩羯座的驱动力来自在社会上做一个被仰望、尊敬的权威。他们更相信传统的制度而反对革新。他们是最好的建设者和实干家，会由于业绩而缓缓升迁，因而，你会在大公司的董事会上、高层管理人员中发现摩羯座男人。

"灯泡坏了，谁去换？"

"摩羯座一个人就够了，但必须用他的方式去换。"

四、哪个星座的男人做开创式企业家的最多？

[白羊座]

星相学研究中，白羊座被列为最富有冒险精神、最喜爱挑战的星座。被称为"骑士"的白羊座男人有强烈的做"第一"和"唯有我"的欲念，离开了竞争和挑战，遵循固有的稳定模式，野性的白羊座就失去了活力。因而，许多白羊座的人不能在平凡的岗位上过"早九晚五"的正常生活，他们会离开安定的工作，做平凡的人不敢做、甚至连做梦都不敢想的事。他们有无穷的能量和惊人的勇气，喜爱竞争和好胜的心理，让他们不断地处于竞争的环境中，更有让人张口结舌的大胆妄为的举动。他们做得多，想得少，当别人还在分析风险、计较利益时，没有耐心的、手脚飞快的白羊座就开始行动了。由于他们总是做第一个尝梨子的人，也因此而获得梨园。

白羊座也被称为"自私的孩子"。他们以自我为中心，性格直爽，热情大方，充满男人的雄性魅力，但又为人简单，不善于处理复杂的人际关系，常常由于心直口快、不敏感而忽略考虑别人的不安心态和脆弱的自尊，易引起他人的不满。他们毫不掩饰的"自我"和粗劣的行为被认为不易于合作，因而许多野心勃勃而又能力超人的白羊座，由于不善于处理复杂的人际关系而在大公司找不到"第一"的位置时，就另起山头，独创自己的天下。他们是无所畏惧的开拓者，是不受支配的先锋。驱动他们走向权力的力量是做"第一"，并掌握全部的领导权，因而，开创式企业家和竞争式的运动为他们提供了成功的舞台。

尽管白羊座有开创精神，但他们都不易于"守业"，因而他们更适合在企业成功后,再去开创新的事业,而把管理、巩固的工作留给摩羯、金牛、处女等座。处于"第二"位置的白羊座是难以展示自己的优势的, 美国前副总统戈尔始终处于克林顿的阴影之下,光辉灿烂的狮子座克林顿夺走了全部的注意力,需要做"第一"而又始终没有找到自己位置的白羊座戈尔在任期间没有留给人们更多的印象, 以致后来在与布什的角逐中被认为是个毫无个性的"副总统"而失利。

"灯泡坏了,谁去换?"
"白羊座去换,但别人最好快点让开路,只要他一个就够了。"

五、哪个星座的男人最机灵、最巧言善辩?

〔双子座〕

从 1950 年至 2000 年,在获得诺贝尔经济学奖的人中,双子座最多。在瑞士的统计调查中发现,那些被指控犯有偷窃罪的人中,在法庭上被确认有罪的双子座最少。然而,他们真的就比别的座更有道德而不偷窃吗?古希腊神话中,水星之神赫梅被喻为"小偷",水星是双子座的主宰之星,因而双子座绝不会是犯偷窃罪最少的。星相学家认为,他们之所以成为被确认偷窃最少的座, 是由于主宰人的语言及思维的双子座是十二星座中最精通语言表达的座,他们能言善辩、富有逻辑,头脑反应灵活,因而,我们并不奇怪他们会在诺贝尔奖的名单中出现最多。善于见风使舵、随机应变的双子座能够"把任何东西卖给任何人",是个"天生的销售员"。这个美称说明了他们富有说服力的口才和可爱的性格。和顽固、坚强的狮子座、天蝎座、摩羯座相比,"机灵鬼"双子座的男人狡猾、多变。由于可爱、快乐的孩子性格和不动脑筋张口就来的甜言蜜语，精密的逻辑思维，诙谐、幽默、随和的个性，使他们走到哪里都招人喜爱，让人们容易原谅他们最不可靠的禀性。他们高度发达的大脑、贪婪的好奇心，使他们在信息、知识领域如鱼得水。有人说如果让十二星座进行 IQ 测试，机灵的双子座平均分数肯定高于其他座。他们最喜欢运用手势，根据心理学家的研究，人的身体语言比语言更让人信服，可能正因为如此，狡猾、灵活的双子座用手势、逻辑以及让人信服的语言，让法官和陪审团相信了他们是无罪的。著名的双子座、美国前国务卿基辛格能用三寸不烂之舌，让二十多年来势不两立的美国和中国之间建立起最高领导人的外交往来，花花公子、美国前总统肯尼迪在竞选总统过程中与尼克松在电视上公开辩论，能言善辩、性格轻快的双子座肯尼迪在媒体上打败了沉稳、可靠、能干的摩羯尼克松，赢得了总统宝座。

大多数双子座的男人不像白羊座、狮子座、摩羯座、天蝎座等具有强权意识的星座男人那样有强烈的支配欲望和强悍的性格。他们虽然不像这些强权座一样争强好胜，但没有立场的双子座也常常在公司占据管理者的位置。只不过他们的领导力在于他们随机应变的能力和良好的人际关系。在公司的政治斗争中，当强悍星座的男人们拼打得不分胜负时，"长在墙头上的草"的"机灵鬼"双子座却从中获益。

"灯泡坏了，谁去换？"
"双子座去换，但需要有人陪双子座一起去换。"

六、哪个星座的男人对品牌最忠诚？

[金牛座]

在英国的一次商业调查中，对三万个消费者进行统计后人们发现,金牛座的人对品牌最忠诚,其次是双鱼座和巨蟹座。平静、祥和、持久、稳固的金牛座在星相学中也被列为"物质占有欲望"最高的座。金牛座由于"渴望占有"而成为最好的消费者。很多公司由于发现金牛座是最大的消费者而把广告的目标放在金牛座身上。由于金牛座属于土元素座之首,他们满足于感官的快乐,追求实惠、充分享受物质生活是他们生活中重要的内容。你会发现自己的金牛座朋友们是不用进任何学校的美食家,他们喜爱美食、美酒,还包括美色。也由于感官的基本需求,金牛座的男人喜欢被美色所诱惑,更喜欢"性"是一切的根源。感官主义使弗洛伊德把心理的疾病都归根于"性"。

由于金牛座的顽固性格,他们不会像双子座那样朝三暮四、一日多变,他们缓慢地接受一个产品,一旦选中一个产品,就会"从一而终",成为最忠诚的消费者。商业公司喜欢金牛座是由于他们的忠诚和可靠。也许他们会是女人忠诚的情人,如果没有新的美色诱惑的话。

一旦形成了思想或者作出了决定,他的忠诚会变成固执。金牛座脚踏实地,热爱生活,性情缓慢但是可靠。他们极其需要物质生活的保障,他们最能享受生活,懂得生活最朴实的内容是先满足身体的需要。他们需要好工作、好收入、好伴侣,因而他们的生活再幸福不过了。金牛座的性格平和稳定,大部分情况下,他们能与别人和谐相处。但是进入"战争"状态的金牛座是坚不可摧的,他们顽固而坚强,连不要命的天蝎座也不是他们的对手。

"灯泡坏了,谁去换?"

"金牛去换,但要等他准备好了!"

七、最乐观、最热爱生命,自杀率最低的是什么星座?

[射手座和天秤座]

在瑞士的调查中发现,自杀率最少的人群中,射手座和天秤座位居最前列。射手座被星相学家认为是最乐观、最有信仰、最易于成为宗教信徒的星座。心胸宽阔的射手座,不但积极乐观,而且喜爱旅游,他们被称为"一脚在屋内,一脚在屋外",是随时准备外出的波西米亚式旅游家。他们是寻找人生意义的哲学家和寻求智慧的学生,易于从艰难困苦中寻找积极的人生意义而超越身体及心理的痛苦,积极调整自己与环境一致,因而不会落进小细节中,导致自己有时走入极端而从死亡中找解脱。星相学家描述射手座"无极限、扩展、超越",追求未来是射手座的最大特色,他们并不是为今天而生活,而是相信明天比今天更美好。对未来发展的乐观和憧憬使他们不会被目前的困境所击败,他们最不易患忧郁症,不易怒,是寿命最长的座之一。他们也是有名的"晚会座",是典型的激励型领导,是天生的"传教士",善于用高度的激励精神和热忱感染别人。但是由于射手座的"宏大遥远",他们看不到细节,常常"只见森林,不见树木",他们的粗心大意和多变、多动,使他们和双子座、双鱼座一同被列为最不可靠的、最善变、最不负责任的座。

"灯泡坏了,谁去换?"

"射手座去.但其他座的人都要被调动起来。"

八、哪个星座的男人做室内设计师和法官最多？

[天秤座]

在瑞士的统计中，天秤座从事这两个职业的人数最多。受美神维纳斯主宰的天秤座，恰恰具备了在理想的空间思维"美"的特质，因而室内设计是天秤座的理想职业。天秤座属于气座，他们更加理性、客观、逻辑严密。而室内设计的工作性质是把科学和美结合为一体，要求设计师不仅要有极高的艺术品位和对美的感受，还要有理性的空间思维能力和想象能力。天秤座不但追求和谐与美，还具备了理性、客观、平衡的特质和逻辑思维能力，是理性与美的杰出代表。

天秤座的平衡思维，使他们在星相学中一直享有"公正、平衡、不偏向、考虑周到"的美名，没有比法官的工作更需要"公正和平衡"的了。追求公正的天秤座在法官席上，能为诉讼的双方分出是非曲直，他们比"迷糊的双鱼座"、"主观武断的狮子座"、"盲目乐观的射手座"头脑清醒，比"冷静而残酷"的摩羯座温和，比"眼中不揉沙子"的天蝎座宽大，比"保护主义派"巨蟹座公正，比"一叶障目，不见泰山"的处女座全面。他们不受自己感情的支配，一个天秤座的法官如同天平仪一样来平衡双方的理由，会找出案件的公正答案。

"灯泡坏了，谁去换？"
"天秤座也许去换，也许不去换。"

九、哪个星座的男人出车祸最少？

[天蝎座和狮子座]

在瑞士保险公司的记录上，天蝎座和狮子座的车祸最少。这与这两个座的自信和临危不惧有密切的关系。被冥王星主宰的天蝎座和死神交手是件平凡的事,越是在危机中,越是在生死线上,越是他们能够超越自我的时候,天蝎座在这时候就能显现出他们的"连死神都要却步"的敢死队的精神。

而"个人英雄主义者"狮子座也是不惧危险的,平日乏味的生活中没有机会展示狮子座的雄伟气魄,在惊心动魄的关键时刻,他们就会显出英雄本色。因而,这两个座的人可能会在要出车祸的一瞬间,自信、冷静、超级地发挥出自己的优势,有效地控制车向而化险为夷。

另外一个原因是,这两个座都有极强的责任心,只要他们坐在方向盘后,内心的责任感会使他们抑制开快车的欲望。当然,别忘了,这两个座都是难以被别人支配、掌控、操纵的,他们有极其强烈的尊严感和领导欲望,不被"后座上的司机"所支配,也是一个能够让他们专心驾驶的原因。

十、哪个星座的男人最不能言善辩?

[天蝎座]

古星相学家称天蝎座为"哑座"。也许他们深奥的心灵使他们感到语言并不是最好的表达工具。不要通过天蝎座的语言来了解他们,他们常常是静静的观察者,但他们的眼光有"入木三分"的力量。只要看一看他们那透彻的眼神,你就会明白为什么语言的力量远没有激光般的眼神令人难忘,你就知道了什么叫做刻骨铭心。

瑞士的调查发现,在被指控偷窃罪、而又被法庭判定有罪的人中,天蝎座人数最多。星相学家认为,以"被动"、"守株待兔"而著名的天蝎座,并不会比"顺手牵羊"的双子座更有犯偷窃罪的倾向。由于天蝎座"哑座"的特质，使他们可能由于不善言辞，不能像口齿伶俐的双子座一样成功地在法庭上为自己开脱罪名。

或许，天蝎座那冷静的眼神，让法官和陪审员心里预先就存在着看法。对于这一点，我们不难从电影上有关罪犯的故事中看出，犯罪嫌疑人的眼神就已经表明了一切，他们一出现，我们就知道他们是罪犯。在一定的意义上，天蝎座犀利的眼神或许是送出了最糟糕的信号！

十一、在体育用品商店，最可能遇到哪个星座的男人?

［天蝎座］

据英国对体育器械消费者的调查发现，天蝎座的男人最喜欢购买运动器械。被战神马尔斯和冥王星主宰的天蝎座，被称为"最强劲的座"。他们体内储存着如同火山一样的能量，要不断释放出来，无论是通过体育运动、性活动或追求灵魂的超越。对于没有积极发展的天蝎座，这些能量就会转化成破坏性的力量，他们会通过愤怒、自我摧残等过度的方式释放出来。天蝎座追求极限和极度，他们参加热爱的运动时，都不会随随便便地玩一玩而已，而是需要最好地发挥自己的极限潜力，不断地超越自我。你可能会发现自己的天蝎座朋友，打球要用最好的球拍，跑步要穿最好的跑鞋。狮子座会穿着最引人注目的运动服出场，而天蝎座则选用最好的器械出场；狮子座需要的是最好的"show time"，而对天蝎座而言，上运动场是为了"发挥极限力量"！

十二、哪个星座的男人被认为最易于与女人平等、民主地相处？

[双子座、天秤座、水瓶座]

这三个座同属气元素座，是十二星座中三个不用动物代表的座。这表明他们是十二星座中最进化、最文明的座，他们更倾向于主张男女平等、倡导人权、保护动物权，不以自我为中心，不是典型的强权主义男人。他们最理性客观，最不感情用事，因而也最让女人感觉到他们在情感上轻淡、民主、麻木，尽管他们给予女人宽松、民主、自由。如果一个女人渴望感情的滋润，他们的轻淡会让她感到自己的感情得不到同样的回报。他们更像亲密的朋友，在爱情关系中，那种浓烈的激情和野性的爱，会让这些进步、文明的男人神经紧张。水瓶座的极端理想主义可能会导致他们对追求理想社会的分工的独特看法，他们也有可能成为极端独裁者，比如希特勒的月亮就在水瓶座！

十三、哪个星座的男人最有独创思想？

[水瓶座]

水瓶座被现代星相学家称为普罗米修斯——把火种送给人间的人。水瓶座一直被认为是一个思维的大座，他们的思维不受现实和历史的局限，以独特的角度看问题，是最有创造发明潜力的人。人类学家达尔文、发明家爱迪生、解放奴隶的美国总统林肯、天才作曲家莫扎特都是水瓶座。由于他们超前的意识和独特的思维方式，在常人眼中，他们古怪，虽然友好，但却难以接近。

十四、哪个星座的男人最性感？

[天蝎座]

根据星相学中人体器官与星座的关系，天蝎座主宰男人的性器官，因而天蝎座男人被认为是最有性驱动力和最有持久力的男人。但是，由于男人的性能力并不由太阳座决定，无论是哪个星座的男人，如果火星落在天蝎座或者白羊座上，都有强烈的性驱动力，他们常常以性感而吸引女人。

十五、哪个星座的男人最有大男人主义作风？

[狮子座、摩羯座、白羊座]

大男人主义者第一数狮子座，第二是摩羯座。星相学认为，男人的星座处在狮子座和白羊座上，是男性能量自然发挥表现的星座，因而狮子座、白羊座的男人自信、豪爽，性格火热，慷慨大方，富有男性魅力，通常以强硬的男人性格吸引着女人。但是富有自由、民主、平等思想的女人与他们相处时，也许会有挫折感。因为在狮子座的眼中，只有"大男人"和"小女人"。狮子座的虚荣心让他青睐那些能让他感到自豪、骄傲的女人，但这种女人却独立自强，并不甘心做一个"小女人"。你若不是一个渴望被大男人呵护，而且能够完全失去自我、小鸟依人般的女人，你会在与狮子座相处时的不平等中，认识"大男人"的"魅力"。

摩羯座虽然不像狮子座一样喧哗地展示自己的支配欲望，却也是一个不声不响、由内向外散发着威严的大男子主义座。他们沉稳、可靠，冷静中带着阴郁。他们对家庭负责任，心中永远有实现不完的野心。但是顽固不化的"男人在外狩猎，女人在家纺织"的传统思想，使他们渴望社会维护原有的秩序，男女应该各尽社会职责，大男子主义作风顽强地存在于他们身上。

白羊座的男人以其自如的勇猛和热烈的能量，充满了雄性的魅力。在追求女人的过程中，他们无所畏惧，像个准备战斗的勇士，他们是你渴望的白马王子，你就是他们的白雪公主。但是一旦他们得手，你就不再是他们理想中的女人，"以自我中心"的白羊座会把女人变成他们的臣仆，他们是典型的"饭来张口，衣来伸手"的公子。

十六、哪个星座的男人最可能是见异思迁的、无辜的"坏男人"？

[双子座、双鱼座、射手座、天秤座]

据研究，几乎所有的男人都渴望与自己的女人之外的女人来一次风情之夜，只是有的男人没有尝试的胆量。能够不经过内心的斗争，不受自责就做到"一夜风流"的，是双子座、双鱼座、射手座、天秤座，只是他们的表现不同而已。

"花蝴蝶"双子座，如同空中的飞蝶，怎么能让蝴蝶在一片枝叶上久留？他们的好奇心可能让他们对任何女人都有兴趣，但三分钟之后又失去了兴趣。如果你不能让双子座的大脑长久保持兴奋，让他的智力受到挑战，双子座的爱情会悄悄地溜到能让他思维兴奋的人身上。双子座颇有女人缘，他们诙谐幽默，聪明伶俐，为人随和，随机应变，不会由于大男人作风而伤害女人，因而深得女人的喜爱。但是，不要以为双子座的"爱"就意味着长久的爱情和稳定的婚姻。

"变色龙"双鱼座是个随波逐流、不让自己的意志经受任何考验的星座。他们好像有超级的心灵感应能力，总是能准确地捕捉女人的心理需要。他们对爱情的需求如同吃饭睡觉一样，"陷入爱情，逃离现实"是他们生活的基本需要。有人说双鱼座男人的爱情,比其他十一个座加起来还多。然而,双鱼座是个缺乏持久力的座,一段爱情如同一剂毒品,很快就失去了作用力,因此他们的爱情也如同一段美妙的梦,梦醒之后,双鱼座会尽快从一个梦进入另一个梦。有的星相学家声称,双鱼座男人会在"任何时间、任何地点与任何女人"产生爱情,因而告诫女人,不要把你的双鱼座男友介绍给你的女朋友。

"波西米亚人"射手座是个不停探索的星座。每一个女人如同一个新的世界,是他们探索的一个领域。他们性格乐观、活泼、随和,颇招女人喜欢,每个女人都带给他新的哲学思想。他们大部分情况下不为"情"所困惑,对异国文化和异国女人的喜爱如同印在他们的 DNA 中。寻求"新世界"的思想,使他们常常从一个女人的世界航行到另一个女人的世界。

"花花公子"天秤座的"花心"出自于对美的追求,他们是十二星座中最注重美色的男人。并不是他们刻意要变心,实在是由于抵御不住"美的诱惑"。只要有外表美丽的女人出现,天秤座就禁不住回头张望。然而美的形式是多样的,"天外有天,人外有人",这就可能使天秤座男人常常从一个美丽的女人身边来到另一个美丽的女人身边。所以,有星相学家认为,"一个美丽的躯壳是保持与天秤座爱情关系的基础"。

十七、哪个星座的男人胆量最大?

[白羊座]

被星相学家称为"骑士"和"战斗者"的白羊座,是十二星座中最胆大妄为的座。受"战神"火星主宰,白羊座越是危险越向前,在他们的词汇中,没有"畏惧"、"不敢"的字样,因为一旦失去了危险和挑战,白羊座就会感到生命失去了意义。他们的冒险精神总让他们在新的领域占据领先地位。在爱情中,他们是胆大妄为的追求者,勇敢地追求所渴望的女人,是他们生活中的兴奋剂。而一旦追求到手,这个女人也就不再是理想的女人了。他们的冒险行为,会让正常人瞠目结舌。

十八、哪个星座的男人最浪漫、多情?
[双鱼座、天秤座]

双鱼座、天秤座都被认为是浪漫而富有生活情调的星座。但双鱼座的浪漫多情可以达到梦幻的程度。

有人认为,双鱼座是最浪漫的情人。双鱼座对爱情的需要比吃饭睡觉还重要,他们宁愿时刻沉湎在梦幻中,也不愿意回到现实中来,他们的爱情与浪漫大多是不能落在现实中的。他们最能理想化女人,把女人当成女神一样敬仰。高傲的狮子座、天蝎座不能为你做的,双鱼座全能为你做到,在浪漫的时刻,双鱼座能为你牺牲一切。双鱼座男人在任何时刻、任何地点都能创造出你梦想不到的浪漫情景!一位绝色、高傲的狮子座女人被一位双鱼座男人的温情所征服,因为他能够"跪在地上流着眼泪亲吻她的脚,喃喃地告诉她,他等待了一生,终于找到了自己的女神和主人"!

天秤座的男人有着高度的艺术品位,对浪漫情调的追求也如同他们对美的追求一样。他们的浪漫是在月光下烛光杯酒、诗情画意,火山一样的激情和电闪雷鸣、充满野性的爱会让天秤座的神经受不了,他们经不起这样的爱情。他们是柔和的浪漫主义者,优雅,和谐,善于替女性着想。他们的原动力是追求"美",只有"美"才能产生浪漫,因此,女人如没有美的外形,就难以获得天秤座的温情。这会帮助我们理解天秤座的别名——"美貌的奴隶"。如果狮子座、天蝎座、白羊座的浪漫是贝多芬的命运交响乐,那么天秤座的浪漫就是克莱德曼优雅的钢琴曲!

十九、哪些星座男女结婚率最高?

在以上对瑞士 770 万人的人口调查中发现,人们在自己星座的同族元素中选择伴侣的几率最大。也就是说,十二星座中,火与火、土与土、水与水、气与气的结合率最高。

火元素族:白羊座、狮子座、射手座

土元素族:金牛座、处女座、摩羯座

气元素族:双子座、天秤座、水瓶座

水元素族:巨蟹座、天蝎座、双鱼座

其中,白羊座与狮子座、双子座与双子座、双鱼座与天蝎座结合的几率在各座中最高。

十二星座女人
从爱情的挫折中学到什么

白羊座女人：

你不缺乏刚劲和果断，但是，从爱情中你要学会女性的温柔和随和，当你不自觉地以自己为中心，"我"字打头，别人就会感到你自私自利，仿佛这个世界要以你的意志为转移。他让你看到你并不是世界的中心，还有另一半能够丰富你的生命，他是你的伴侣和朋友，不是你竞争的对手，更不是你的随从和仆人。挫折来到了，你很坚强，但是，你不能够再依靠坚强而生存了，妥协、温柔或许胜过了刚强。

金牛座女人：

挫折到来的时候，对你意味着要学会灵活多变，不要墨守成规，你那一万年都不变的可靠牢固，或许让他感到乏味得难以忍受。你扎扎实实，但是有时候缺乏敏锐，像个土疙瘩，你要学会用心灵去体验，敏感地感受他人的心理。关怀照顾他人并不仅仅是让他吃饱喝足，健康的生活也意味着有一个丰富的心灵世界，如果你不能够超越物质享受，就不能怪别人感到你乏味。你还要学会跳出自己主观思维的死胡同，别固执得像一根筋，更不要撞到南墙都不回头。

双子座女人：

挫折来了，你不能够再采取一贯的逃跑方式，这是你最应该学习的一课。你需要学会专注和静心，当你不能够专注的时候，就不能怪自己留不住他了。只有当你用心体验感情的时候，你才会真正有所收获。你要学会坚持原则，一贯地不可预测，就像个变色龙，别人和你一起会感到像是踩在薄冰之上。当然，你不缺乏追随者，不内省就跳入另一个关系，仅仅填补你的空虚，却不解决实质问题，迟早你还要面对自己的阴影。

巨蟹座女人：

他不是儿子，过多的关怀，导致他不能够正常地呼吸，没有空间、过多的感情操作，会让他想起自己的母亲，而不是情人。你应该在自己的内心世界寻求安全，而不是迅速地把他拉进婚姻的围城。高度的敏感，让你产生不必要的怀疑，疑神疑鬼、情绪波澜不断，说话拐弯抹角，成为沟通中的问题，别人无法天天猜测你的心境，你要学会保持一定的独立，不要把自己的一切都给予他人，以至于对方承受不了这样的负担。

狮子座女人：

挫折到来的时候，即使你外表多么坚强，即使别人多么对不起你，内心的自我反省才能够真正地让你坚强。如果你由于地位、虚荣、前程而陷入爱情，那么，挫折就是你最大的代价，你不用处处站在世界的顶峰，爱情、婚姻更不该是晋升阶层的手段，也不是展示给别人看的装饰品。即使是平等的爱情，你也要学会民主，他不是你的仆人。骄傲、霸道、不妥协的常胜将军并不是那么好当，妥协、谦让、温柔是另一种更加强大的力量。

处女座女人：

挫折来了，你能够冷静迅速地切断自己的感情，但是，你的理智和批评家的眼光会让你内心永远无法找到自己理想的爱情。你的眼中容不下缺点，学会宽容别人的不完美，不要继续用挑剔的眼光看待他人，更不要使用苛刻的语言对待爱人。不要喋喋不休地钻进细节中，看不到别人的优点。无论你多么能干，多么能够帮助他，但是，被你挑剔和批评的滋味并不好受，和一个扫描仪在一起给人的压力真不小。不是每个人都像你一样井井有条，有时候混乱就是浪漫，你要学会放松自己，也让别人放松，否则，谁愿意和一个神经兮兮、精神紧张的人在一起？

天秤座女人：

你如果一味地由于恐惧孤独跳入一个又一个关系之中，你无法不受到挫折，只有当你敢于面对孤独，你才能够真正成长。你要学会勇敢地面对现实，学会不要采取迂回曲折的办法拖延矛盾，这样你才能够不让矛盾发展到了不能够解决的地步。要学会迅速果断地决策，不要优柔寡断拿不定主意，而陷入似是而非的模糊处境之中。你要学会接受世界上的不完美事物的存在，保持自己的真实主见，不要朝三暮四、缺乏长性，或者脚踏多只船。在爱情关系中，你也要有自己的独立性，一味地追求妥协会让你成为平淡无奇的应声虫。

天蝎座女人：

挫折来了，你最重要的一课是不要抓住过去不放，对待他不是爱就是恨，让过去的爱情流走，你才能够得到重生。你再强大，也不能够控制外界和别人。你的爱情浓得像毒药一样让人畏惧，你的激情让你走向极端，你对感情的占有欲望让他人失去自由，并不是每个人都渴望完全彻底地与他人融为一体而失去自由的空间。学会中庸，学会宽松，超越你的情感，因妒忌产生怀疑是爱情最大的天敌，不要像个侦探一样对待爱人，不信任自己就不能够信任他人。

射手座女人：

挫折到来的时候，你要懂得只有当你负起责任的时候，你才能够有自由。学会稳定、沉着、遵守信用，你才能够让别人感到安全，不要经常地头脑发热，让人感到你无法预测。你还要学会多一点敏感，要考虑到他人的心理。你并不是全知全能，要克服自命不凡，动辄就一比高低，这会让男人备受挫折。你不愿意安分，整天寻求兴奋点，男人需要一个让他们感到安全的女人，你却像个流浪的波希米亚人，马马虎虎、大大咧咧，学会女人的精细、体贴，做个让人放心、踏实的人，是你应该进行的基本修炼，这和你的宏伟思想一样具有价值。

摩羯座女人：

挫折来临，你应该懂得这个世界不是你能够控制的，学会宽容和包纳，你才能够获得无私的爱。爱情不需要理由，也不是商业操作，当你学会跟着你的感情走，而不是为了目的和结局，你将得到最好的结局。学会放弃自我奴役，学会生活在每一个浪漫的时刻，而不是为了成就而成为苦行僧。要认识到最大的危险是你心中的悲观主义态度，学会面对存在于内心的恐惧，安全感建立在信任的基础上，当你放弃了防范的时候，你的恐惧就会消失,自信就会来临。越没有目的性、没有规划的时候,越是你有爱情成果之时。

水瓶座女人：

你的实验主义精神可能不会让你有太大的挫折感，或者挫折也是你寻找的试验感觉。但是,要认识到你生活在一个活生生的世界,而不是一个理想的心理实验室。你需要和自己的感情亲密接触,只有认识到你的内心存在着对于投入感情的恐怖,你才能够真正地体验感情。感情不是思维,你要放弃用思维控制感情的习性。向爱人展示你的情感会让你更深刻地体验爱情,否则,会让人感到你冷漠、逃避亲近，你需要认识到朋友和情人的界限,自由是有限度的,学会放弃任性地不顾一切后果地追求自己的生活方式,这让人感到你太不可预测。

双鱼座女人：

你的职业就是爱情,你的生活就是梦想。你总企图在新的爱情中逃脱挫折感,一次次地进入爱情,你很难真正从挫折中吸取经验。你需要学会独立,坚持一点点原则,有一点坚强的意志,不要像个没有立场的变色龙,也不要自己创造感情的悲剧。你也要学会放弃用感情操纵他人,学会面对矛盾,只有当你懂得独立、忠诚的时候,你才能够在你的爱情梦中醒来。

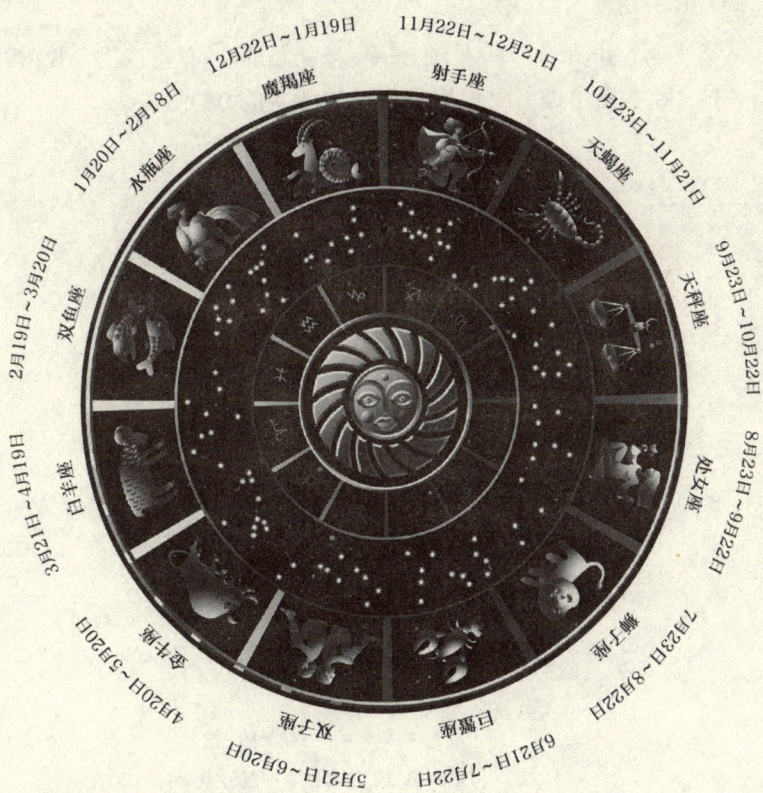

（图中十二星座的起止日期仅为参考值，每年略有变化，变座的精确时间以星相天文数据为准。）

（京）新登字 083 号

图书在版编目（CIP）数据

十二星座恋爱密码/[加]张著.—北京：中国青年出版社，2009.6
（英格丽系列）

ISBN 978-7-5006-8784-9

Ⅰ.十… Ⅱ.张… Ⅲ.星座-关系-恋爱心理学-通俗读物 Ⅳ.C913.1-49

中国版本图书馆 CIP 数据核字（2009）第 080837 号

责任编辑：李 凌

北京市版权局著作权合同登记
图字：01-2009-3903

*

中国青年出版社出版 发行

社址：北京东四 12 条 21 号 邮政编码：100708
网址：www.cyp.com.cn
编辑部电话：（010）84014085
门市部电话：（010）84039659
三河市骏杰印刷厂印刷 新华书店经销

*

700×1000 1/16 14.25 印张 1 插页 150 千字
2009 年 7 月北京第 1 版 2009 年 7 月河北第 1 次印刷
印数：1-15,000 册 定价：20.00 元
本图书如有印装质量问题，请凭购书发票与质检部联系调换
联系电话：（010）84047104